Roland Kachler

Vom Geheimnis glücklicher Paare

Quell

ISBN 3-7918-2550-X

Lektorat: Andrea Scholz-Rieker
Umschlaggestaltung: Otfried Kegel unter Verwendung des Gemäldes von Gabriele Münter »Jawlensky und Werefkin«,
Foto: Städtische Galerie im Lenbachhaus, München,

Gesamtherstellung: Maisch & Queck, Gerlingen

Inhalt

Vorwort

Nach nichts sehnen wir uns mehr als nach der Liebe. Sie hält uns und die Welt in Atem. Was wäre unser Leben ohne sie? Was ist ihr Geheimnis und ihr Zauber, die uns immer wieder in ihren Bann ziehen? Wie ist diese Anziehung zwischen Mann und Frau, zwischen Frau und Mann, die in uns unbändige Gefühle von Liebe und Leidenschaft weckt, zu begreifen?

So sehr wir uns auch die Liebe wünschen, so flüchtig ist sie in unseren Zeiten geworden. Sie scheint nur noch eine naive Fata Morgana zu sein, die bald, spätestens im Alltag eines Paares, verblaßt. Mehr denn je sehnen wir uns nach einer dauerhaften, aber auch lebendigen Partnerschaft, in der die Liebe eine Bleibe findet. Doch noch nie war es für Paare so schwer, diese Sehnsucht zu realisieren. Ehen und Beziehungen sind brüchig geworden.

Viele fragen deshalb neu, was sie für ihre Liebe tun können. Welche Fähigkeiten brauchen wir und welche Arbeit für eine Partnerschaft müssen wir erbringen, damit unsere Liebe eine Chance hat? Welche Entwicklungen helfen unserer Liebe, lebendig und zugleich dauerhaft zu werden?

Auf diese Fragen versuche ich hier Antworten zu geben, die sich in meiner täglichen Arbeit als Paartherapeut vielfach bewährt haben. Es sind keine einfachen Tips oder Ratschläge, sondern Anleitungen, die eigenen Erfahrungen mit der Liebe zu verstehen. Ich möchte Sie, den Leser und die Leserin, zu einer Reise durch die verschiedensten Landschaften der Liebe einladen. Vielleicht ist die Liebe noch das letzte Abenteuer, das uns geblieben ist, ein Abenteuer, das uns weite Wege führen, das aber immer auch ein Risiko bleiben wird.

Unsere Reise wird mit dem Paradiesgarten des Verliebtseins beginnen, um dann den verzweigten Wegen der Liebe zu folgen. Wir werden an den Abzweigungen des Weges der Liebe innehalten und sehen, welche Aufgaben die Liebe den Paaren stellt; wir werden in den einzelnen Abschnitten und Stationen dieses Weges verweilen und entdecken, was an Schönem, aber auch an Schwierigem dort auf Paare wartet.

Es gibt heute keinen vorgeprägten, normierten Weg mehr für eine Paarbeziehung. Die Liebe ist ein Kind der Freiheit, die ihre eigenen Wege und Formen sucht. Paare leben heute ihre Liebe sehr unterschiedlich, zum Beispiel in traditionellen Ehen oder in Ehen ohne Trauschein, in Partnerschaften mit getrennten Wohnungen, mit oder ohne Kinder, nach Trennung oder Scheidung in Zweitfamilien unterschiedlicher Zusammensetzung. Wie auch immer die Form des Zusammenlebens aussieht, die Dauer der Liebe wird dabei immer erwünscht.

Und stets aufs Neue wird die Liebe an Klippen und auf Schwierigkeiten stoßen. Irrwege und Umwege gehören aber ebenso zur Liebe wie ihr Scheitern. Und oft enthüllt sich der Sinn mancher Liebeswirrungen erst vom Ende des Weges her. Auch die Umwege und Sackgassen können zu Entwicklungswegen der Liebe werden, wenn wir lernen, sie zu verstehen.
Das ist auch das Ziel meiner alltäglichen Arbeit an einer Beratungsstelle, an der ich therapeutisch mit Paaren arbeite. Meine Chance als neutraler Dritter und Moderator liegt darin, gemeinsam mit Paaren zu verstehen, wie und warum sie sich etwa in einer Sackgasse verrannt haben. Über dieses Verstehen kommt das Paar in einen Austausch, in dem sich die Liebe wieder entwickeln kann. Anregungen und Impulse ermöglichen es dann dem Paar, konkret etwas für das Wachstum seiner Liebe zu tun und eigene Lösungsmöglichkeiten für seine Schwierigkeiten zu entwickeln.
Für diese Arbeit nutze ich die Modelle und Methoden der Paartherapie, die sich ihrerseits aus verschiedenen Therapierichtungen wie der Transaktionsanalyse, der Familientherapie, der Tiefenpsychologie oder der Kommunikationstheorie entwickelt haben.

Als hilfreiche Begleiter für meine Arbeit mit Paaren und für den Entwicklungsweg der Liebe haben sich für mich Paare aus der Bibel erwiesen. Biblische

Paare zeigen uns sehr offen, daß unsere Schwierigkeiten mit der Liebe uralt und also ganz normal sind. Hiob und seine Frau scheitern an unlösbaren Konflikten, Lot und seine Frau kommen mit ihrem unterschiedlichen Entwicklungstempo nicht zurecht. David und Batseba erleben die Untiefen einer Außenbeziehung; David und seine erste Frau Michal trennen sich. An diesen Paaren werden wie unter einem Vergrößerungsglas die Gefahren für unsere Liebe sichtbar. Wir sehen an ihnen, welche Entwicklungen der Liebe in eine Sackgasse führen und welche Möglichkeiten es gibt, schmerzliche Erfahrungen für die Liebe fruchtbar werden zu lassen.
Andere biblische Paare lassen sich als Bilder für bestimmte Weichenstellungen und Stationen auf dem Entwicklungsweg der Liebe verstehen. Sie öffnen zum einen neue Chancen für unsere Liebe, zum anderen sind sie auch so etwas wie verlorengegangene Schlüssel für unsere eigenen Fähigkeiten zu lieben. Nicht zuletzt enthalten diese Bilder Anleitungen für die Kunst des Liebens.
Das Paar im Hohenlied der Liebe entführt uns noch einmal in das Paradies des Verliebtseins; Adam und Eva haben mit diesem Paradies ihre Probleme und lernen durch die Vertreibung, mit den Enttäuschungen der Liebe umzugehen. Maria und Josef gelingt es erst nach einigen Komplikationen, vom Paar zur Familie zu werden. Noah und seine Frau überstehen den Streß und die Belastungen des Familienalltags.

Wie die Liebe selbst erschließt sich der Reichtum und Gewinn jeder Reise und jeder Wanderung erst, indem man sie unternimmt und sie bewußt und mit allen Sinnen lebt. Darum ist es gut, sich erst einmal auf das Wagnis einer Reise durch die Zeiten der Liebe einzulassen, um etwas vom Geheimnis des Glücks zu zweit zu erfahren.

Roland Kachler
Im Januar 1999

Vom Zauber des Anfangs – Das Paradies des Verliebtseins

Im Garten der Liebe

Alles beginnt im Paradies intensivster Liebesgefühle. Wer erinnert sich nicht gerne an die Anfangszeit seiner Liebe? Da gehört dem Liebespaar die Welt alleine; die Welt ist ganz die Welt der Zweisamkeit. In diesem Paradies existieren nur zwei Menschen, ein Ich und ein Du. Nichts anderes hat Raum als diese Liebe, als das Wir, das sich wie ein Stück Himmel und wie ein Stück Paradies um zwei Menschen legt.

Auch die ganze Menschheit, so sieht es das Alte Testament, nimmt in diesem Garten der Liebe ihren Anfang. Dort beginnt und entsteht alles aus dem Zauber der Liebe. Die Erschaffung des Menschen als Mann und Frau ist erst mit der Entdeckung der Liebe abgeschlossen. Und die Fähigkeit, zu lieben, macht den Menschen zum Menschen. Nur diese beiden Menschen, Adam und Eva, leben in diesem Garten füreinander und miteinander. In diesem geschützten Raum der Geborgenheit kann ihre Liebe ganz gelingen. Nichts Störendes dringt von außen herein, nichts steht zwischen ihnen.

Leider erfahren wir über die Liebe von Adam und

Eva nicht sehr viel, wohl aber über deren Schwierigkeiten mit dem harmonischen Glück des Anfangs. Doch gibt es im Alten Testament noch ein anderes Paar im Garten der Liebe, das sehr offen die Verzücktheit der Anfangszeit beschreibt, besser sollte man sagen, besingt, nämlich im Hohenlied der Liebe. Beide Liebende befinden sich im Zustand größter Verliebtheit. Beide sind hingerissen vom anderen, nur noch die Sehnsucht und das Verlangen nach dem anderen beherrscht sie. Sie sind im besten Sinne des Wortes außer sich und nicht mehr Herr ihrer Sinne. Beide sind ergriffen von der Liebe, die größer als das eigene Wollen und mächtiger als das eigene Denken ist.

Er »beklagt« sich bei ihr:

»Du hast mir das Herz genommen, meine Schwester, liebes Mädchen, du hast mir das Herz genommen, mit einem einzigen Blick deiner Augen, mit einer einzigen Kette an deinem Hals. Wie schön ist deine Liebe, meine Schwester, liebes Mädchen! Deine Liebe ist lieblicher als Wein.« *(Hoheslied 4,9.10)*

Und sie hat ihn tatsächlich für sich gewonnen:

»Mein Freund ist mein, und ich bin sein, der unter den Lilien weidet. Bis der Tag kühl wird und die Schatten schwinden, wende dich her gleich einer Gazelle, mein Freund, oder gleich einem jungen Hirsch auf den Balsambergen.« *(Hoheslied 2,16.17)*

Beide haben die typischen Symptome des Verliebtseins. Sie liegt nachts wach und verzehrt sich in Sehnsucht nach ihm; dabei ist sie krank vor Liebe. Er wiederum ist verwirrt vom Blick ihrer Augen und trunken vor Liebe.
Beide blicken mit den Augen der Verliebten auf den anderen. Sie beschreibt ihn in ihrer Verzückung so:

»Mein Freund ist weiß und rot, auserkoren unter vielen Tausenden. Seine Locken sind kraus, schwarz wie ein Rabe. Seine Augen wie Tauben an den Wasserbächen. Sein Leib ist wie reines Elfenbein, mit Saphiren geschmückt. Seine Beine sind wie Marmorsäulen gegründet. Seine Gestalt ist wie der Libanon, auserwählt wie Zedern. Sein Mund ist süß, und alles an ihm ist lieblich.« *(Hoheslied 5,10-16)*

Er sieht in ihr das allerliebste und reizendste Mädchen, das er sich vorstellen kann, wenn er sie besingt:

»Wer ist sie, die hervorbricht wie die Morgenröte, schön wie der Mond, klar wie die Sonne? Wie schön und wie lieblich bist du, du Liebe voller Wonne! Dein Wuchs ist hoch wie ein Palmbaum, deine Brüste gleichen Weintrauben.« *(Hoheslied 6,10 und 7,7)*

Der Blick der Liebe ist verzaubert und verzaubert zugleich die Welt für das Paar. Alles – hier in diesem Lied die ganze Natur – wird zum Gleichnis für den anderen, der im Zauberblick der schönste und bezauberndste Mensch wird. Der Blick der Liebe will das Schöne, will das Gute am anderen entdecken – und er findet es auch.

Was kann dieses Paar daran hindern, die Liebe auch in der körperlichen Verschmelzung miteinander zu leben? Nichts, aber auch gar nichts – auch nicht eine üble Nachrede – ist für die beiden Liebenden im Hohenlied ein mögliches Hindernis. Unverblümt spricht sie ihren Wunsch, mit ihm zu schlafen, aus:
»Meinem Freund gehöre ich, und nach mir steht sein Verlangen. Komm, mein Freund, laß uns aufs Feld hinausgehen und unter Zypernblumen die Nacht verbringen. Da will ich dir meine Liebe schenken.« *(Hoheslied 7,11-13)*

Sie vergleicht sich und ihren Körper mit einem Garten. Und sie will, daß er diese Früchte nimmt und genießt:
»Mein Freund komme in seinen Garten und esse von seinen edlen Früchten.« *(Hoheslied 4,16)*

Er läßt sich nicht lange bitten:
»Ich bin gekommen, meine Schwester, liebe Braut, in meinen Garten. Ich habe meine Myrrhe samt meinen

Gewürzen gepflückt. Ich habe meine Wabe samt meinem Honig gegessen. Ich habe meinen Wein samt meiner Milch getrunken.« *(Hoheslied 5,1)*

Hier wird mit Bildern der Natur die sexuelle Vereinigung als eine große und an Innigkeit nicht zu übertreffende Verschmelzung beschrieben: die beiden Verliebten sind eins miteinander und darin eins in allem.

Das Glück der Liebenden, die hier körperlich zu ihrem Ziel kommen, läßt sich nicht treffender sagen als mit ihrem Ausruf: »Mein Freund ist mein, und ich bin sein« *(Hoheslied 2,16)*.

Die beiden lieben sich draußen in den Feldern, Weinbergen und Gärten. Der Garten ist das Symbol für die Liebe und den Umgang mit ihr. Im Paradiesgarten des Anfangs müssen beide sich nicht um die Pflege des Gartens kümmern. Er ist einfach da und wird ihnen geschenkt. Der Garten bringt alles aus sich selbst hervor, die Pflanzen, die Blüten und die Früchte. Die Liebenden brauchen es nur geschehen zu lassen. Alles, was sie zu tun haben, ist, die Früchte der Liebe zu pflücken und zu genießen. Damit erweist das Paar der Liebe seine Achtung und Dankbarkeit. Nichts will, nichts darf getan werden – die Liebe will einfach gelebt werden. Sie will jetzt gelebt werden, die Fragen nach dem Morgen gelten nicht. Die Liebe ist jetzt da – oder nie!

Immer wieder fragen Menschen, ob man die Liebe

so blind leben darf. Sollte man nicht schon früher den Verstand einschalten, um dann nicht aus einem allzu süßen Traum aufzuwachen? Gerade nach schmerzlichen Trennungen oder großen Enttäuschungen denken Menschen so und sind verständlicherweise vorsichtig.

Es gehört aber zur paradiesischen Anfangszeit der Liebe, daß wir sie nur einmal leben können, und wenn wir sie erleben, dann sollten wir es ganz tun, mit Leib und Seele. Im Paradiesgarten ist alles da für die Liebenden - und die Liebenden sind nur um ihrer selbst willen, besser gesagt, um der Liebe willen da.

Später wird sich das Paar um seinen Garten eigens kümmern müssen, sonst verdorrt er oder wird überwuchert. Das ist die andere Seite des Gartens: Er bedarf der intensiven Pflege, er muß gedüngt, geharkt und bearbeitet werden. Der Garten ist nämlich nicht nur Geschenk der Natur, sondern auch Ergebnis bewußter Kulturleistung des Menschen. Unkraut wird gejätet und abgestorbene Pflanzen werden ausgerissen, der Boden muß umgegraben werden, Neues muß gesät oder gepflanzt werden.

Im Garten wie in der Liebe hat alles seine Zeit: das Pflanzen und Ausreißen, das Säen und Ernten, das Lachen und das Weinen, das Lieben und das Streiten *(Prediger Salomo 3)*.

Wir werden auf dem Entwicklungsweg der Liebe immer wieder fragen, welche Pflegearbeiten für einen blühenden Garten der Liebe nötig sind und zu welchem Zeitpunkt wir sie tun sollten. Ein unbedachtes Wort in einem intensiven Augenblick der Übereinstimmung kann alles zerstören, das Schweigen zur Unzeit kann alles ersticken; eine Kritik kann sehr verletzend sein, ein Streit kann wie ein reinigendes Gewitter wirken. Lieben heißt deshalb auch, den rechten Augenblick, die rechte Zeit zu erspüren.

Natürlich werden wir auch fragen: Wozu die vielleicht oft mühselige Pflege eines Gartens, auch dann später eines alten Gartens?

Sicherlich werden wir den Liebesgarten nie mehr so gestalten können wie den ersten Paradiesgarten der Liebe, aber wir können dieselben Blumen pflanzen, und wir werden auch später die Früchte ernten und genießen – seltener vielleicht, aber reif und voller Süße. Wir werden sie weniger euphorisch erleben, aber bewußter teilen und gemeinsam genießen.

Bis dorthin ist der Weg unserer Liebe noch weit. Für Paare aber ist es wichtig, den Ausgangspunkt ihres gemeinsamen Entwicklungsweges nicht zu vergessen oder gar aus den Augen zu verlieren, weil hier auch das Fundament und der fruchtbare Boden für eine Partnerschaft liegt. Deshalb noch einmal zurück zum Beginn einer Liebe.

Das Verliebtsein als wichtige Grundlage einer Partnerschaft

Was geschieht nun psychologisch gesehen mit den beiden Liebenden im Garten der Liebe? Wie ist der Zauber des Anfangs zu verstehen?
Wenn wir uns verlieben, scheinen sich alle unsere Wünsche und Sehnsüchte zu erfüllen. Es ist wie ein Geschenk des Himmels, das uns mit dem überschwenglichen Glücksgefühl, endlich angekommen zu sein, erfüllt. In der Euphorie verliert unser Ich seine starren, oft durch Ängstlichkeit und Unsicherheit bestimmten Ichgrenzen. Wir können uns in einem nie erhofften Maß dem anderen öffnen, weil wir uns vom anderen im Innersten erkannt fühlen. Der andere gehört ganz zu mir und ich zu ihm. Das Wir wird wichtiger als das Ich. Ein Gefühl der Einheit ergreift uns, das wir auch in der intensiven Verschmelzung der Sexualität erleben.
Das verbindet uns mit weit zurückliegenden und unbewußten Erfahrungen als Embryo im Mutterleib, in dem wir ganz eins mit uns und dem uns umgebenden Fruchtwasser waren. Wir schwebten dort in der Fruchtblase, gehalten und geborgen. Wir waren in der symbiotischen Einheit mit der Mutter ganz versorgt; es gab keinen Hunger und keine Kälte. Das ist das erste Paradies, das wir alle erleben – und nach dem wir uns immer wieder zurücksehnen.
Im Verliebtsein finden wir das verlorengegangene

Paradies wieder. Jetzt aber können wir es im Unterschied zu damals ganz bewußt, mit allen Sinnen und Gefühlen, erleben und genießen. Dies ist der Grund für unser euphorisches Hochgefühl im Verliebtsein.
Wir nennen die Zeit der Verliebtheit eine symbiotische Verschmelzungsphase. Als Paar leben wir eine intensive Nähe und Intimität. Liebe heißt in dieser Phase, daß wir uns selbst in der Verschmelzung loslassen und hergeben. Wir können uns fallen lassen, weil wir uns vom anderen gehalten fühlen. Wir können uns fallen lassen, weil wir uns sicher sind, daß wir uns in der Hingabe wieder finden.
Dieses Gefühl der Einheit ist so mächtig, daß wir alles, was diesen Zustand stören könnte, verdrängen oder nicht wahrhaben wollen. Konflikte und Probleme werden deshalb mit der »rosaroten Brille« gesehen oder aber für überwindbar und lösbar gehalten.

Neben dem Gefühl der Einheit und Verschmelzung erleben wir in der Anfangssymbiose ein Gefühl von Ganzheit. Der andere scheint die uns verlorengegangene Hälfte zu sein. Wir finden im Verliebtsein beim anderen das, wonach wir uns schon so lange gesehnt haben und was wir bei uns selbst vermissen.
Platon erzählt eine alte Geschichte, wonach die Menschen ursprünglich runde Kugelwesen waren. Weil den Göttern die Menschen zu mächtig wurden, hatten sie sie in zwei Teile, in Mann und Frau, gespalten. Und nun, so erzählt Platon weiter, ist jeder

auf der Suche nach seiner verlorenen Hälfte. Im Sich-Verlieben geschieht dann etwas Doppeltes: Wir finden endlich das Verlorene und werden zugleich selbst gefunden. Immer wieder berichten Partner, daß sie beim ersten Kennenlernen das Gefühl hatten, den anderen schon lange zu kennen oder daß es ganz genau nur dieser eine sein kann, der für ihn bestimmt ist.

Im Sich-Verlieben kommen beide Hälften zur Ganzheit. Dies ist die Erfüllung der menschlichen Ursehnsucht, ganz und damit endlich heil zu sein. Im Englischen klingt das Heilsein im Wort »whole« für »ganz« noch an.

Etwas weiteres geschieht im Verliebtsein. Wir fühlen uns als Person in der Liebe des anderen ungeheuer aufgewertet. Wir sind für den anderen das Wichtigste auf der Welt. Nur ich zähle für den anderen, nur mich sieht er. Wenn ich nicht da bin, verzehrt sich der andere im Warten; wenn ich dann komme, leuchten seine Augen. Und ich sehe mich in ihrem Glanz. Wir erleben eine liebevolle Spiegelung in der Liebe des anderen. Alles an der eigenen Person scheint etwas ganz Besonderes und Liebenswertes zu sein. Sogar das, was ich bei mir als Fehler oder Schwäche gewertet habe, wird vom anderen akzeptiert und gemocht, weil es mich für den anderen einmalig und unverwechselbar macht. Auch das ist eine Grundsehnsucht des Menschen: trotz oder sogar gerade wegen der eigenen Fehlern geliebt zu werden. Auch

die liebevolle Spiegelung in der Liebe des anderen erinnert an die frühe Beziehung der Mutter zu ihrem geliebten Kind, das für sie das liebste, beste und schönste Kind der Welt ist.
Zugleich beschwingt das Verliebtsein die Partner. Es bricht in ihnen etwas auf, was jeder vorher ängstlich vermieden oder an das er nicht gelaubt hatte. Viele berichten, daß sie plötzlich über sich selbst reden können, daß sie sich in ungeahnter Weise in den anderen einfühlen können oder ein Selbstvertrauen entwickeln, um das sie sich schon lange vergeblich bemüht hatten.
Im Verliebtsein wachsen Kräfte, die helfen, auch schwierigste Lebenssituationen auszuhalten und zu bewältigen. Eine Frau erzählt, daß sie zunächst für sich und ihren damaligen Freund den Lebensunterhalt verdiente und nach der Heirat zahlreiche Umzüge mitmachte, obwohl ihr das sehr schwer fiel.
Im Spiegel der Liebe entdecken und entwickeln wir bisher verborgene oder verschüttete Potentiale. Der andere liebt in uns unentdeckte Fähigkeiten und fördert diese, weil er in seinem Verliebtsein schon mehr sieht, als wir uns zutrauen, so wie die Mutter bei ihrem Kind jede kleinste Fähigkeit hervorhebt und unterstützt. Verliebte scheinen für Außenstehende strahlender und belebter, manchmal aber auch ein wenig verrückt zu sein, ganz wie überglückliche, überschwengliche Kinder.
Für viele ist das Verliebtsein ein Erinnern und Wie-

deraufleben von wichtigen guten Kindheitserfahrungen. Andere, die eine schwierige Kindheit hatten, erleben nun, wie es damals hätte sein können. Beides ist eine überwältigende Erfahrung, die wir mit uns selbst, mit dem Kind in uns, erleben.

Die Phase der symbiotischen Verschmelzung erinnert uns aber nicht nur an längst vergessene Kindheitserfahrungen, sondern weist ein Paar auch in die gemeinsame Zukunft. Im Verlieben taucht auf, was das Besondere und das Ideal einer Partnerschaft ist und auch in Zukunft sein will.

Ein Paar kommt in die Paartherapie, weil es sich oft schweigend gegenübersitzt. Auf meine Frage nach der Anfangszeit seiner Liebe, geht nach einem kurzen Besinnen ein vorsichtiges Lächeln über das Gesicht der Partner. Sie erzählen, daß sie in ihrer Anfangszeit über alles stundenlang reden konnten und dabei ungeheuer viel Neues über sich selbst und die Welt erfahren hatten. Erschreckt mußte das Paar feststellen, daß ihnen diese Fähigkeit im Familienalltag verlorengegangen war. Im Blick zurück wird dem Paar wieder bewußt, was das Besondere ihrer Beziehung ist und daß es nun gilt, dieses wieder neu zu beleben.

Im Verliebtsein kristallisiert sich das Ideal unserer Partnerschaft heraus, das wir zwar immer wieder aus den Augen verlieren, das aber auch ein Leitbild ist, welches wir immer wieder realisieren können.

Nehmen wir noch einmal das Bild aus dem Hohenlied der Liebe auf: Im Verliebtsein entsteht für jedes Paar ein ganz besonderer Paradiesgarten der Liebe. Er hat einen ganz besonderen, charakteristischen Plan. Wir können uns fragen, ob unser Verliebtsein eher einem Barockgarten mit planvoll angelegten Beeten, eher einem weiten englischen Garten oder einem Bauerngarten mit üppigen Blumen glich. Natürlich ist jeder Paradiesgarten eines Paares einmalig, weil sich im Verlieben zwei einmalige Menschen mit zwei ganz besonderen, einmaligen Biographien finden. Wie sieht also der besondere Garten eines Paares aus? Ist der ursprüngliche Plan auch heute noch erkennbar oder ist der ehemalige Paradiesgarten überwuchert und deshalb nicht mehr sichtbar?
An der Liebe arbeiten, heißt also, immer wieder den Plan, die Grundidee dieses ganz besonderen einmaligen Gartens zu entdecken, freizulegen und zu verwirklichen. Der Plan für diese Arbeit taucht als Ursprungsidee im Verliebtsein auf und kann nun auf dem Entwicklungsweg der Liebe zum Zielbild werden, das beide Partner im Auge behalten.
Das Verliebtsein ist also nicht, wie oft abwertend gesagt wird, ein irrationaler Ausnahmezustand, der zwar sehr schön, aber nicht ernstzunehmen ist, sondern die Erfahrungen in der Anfangszeit sind für beide Partner sehr tiefgreifend und verändernd. Beide werden in ihrer ganzen Person erfaßt, nicht nur in den bewußten, sondern auch in den unbe-

wußten Bereichen der Seele, nicht nur in den erwachsenen Fähigkeiten, sondern auch in den Gefühlen des Kindes in ihnen.
Die frühen Verliebtheits-Erfahrungen sind die emotionale Basis einer Partnerschaft. Die symbiotische Verschmelzung legt den Grund für das Gefühl einer tiefen Verbundenheit. Im Anfang wird die ungeheure Kraft der Liebe erlebt. Sie wird im Hohenlied der Liebe so schön wie sonst wohl kaum in der Weltliteratur mit folgenden Worten ausgedrückt:

»Lege mich wie ein Siegel auf dein Herz, wie ein Siegel auf deinen Arm. Denn die Liebe ist stark wie der Tod und Leidenschaft unwiderstehlich wie das Totenreich.« *(Hoheslied 8,6)*

Stört die Liebe nicht

Könnte das Paradies denn nicht ewig währen und den Liebenden keine Stunde schlagen? Natürlich würden wir gerne in diesem Anfangszustand verweilen. Weil die Augenblicke des Verschmelzens wie kleine Ewigkeiten sind, scheint der Wunsch nach ewiger Liebe auch eine Chance zu haben. Auch im Hohenlied der Liebe versuchen die beiden Verliebten die Liebe festzuhalten. Das Mädchen möchte ihren Geliebten und die Liebe in Sicherheit bringen, wenn sie sagt: »Ich hielt ihn und ließ ihn nicht los, bis ich ihn brachte in meiner Mutter Haus, in die Kammer derer, die mich geboren hat« (*Hoheslied 3,4*). Die Liebe, so die Sehnsucht der jungen Frau, soll nie mehr enden. Ist die Liebe erst einmal bei ihrer Mutter sicher untergebracht, kann sie im schützenden Haus nicht mehr gefährdet werden – so glaubt sie.

Zugleich aber ahnt und weiß das Mädchen um die Gefahren, die diesen Ausnahmezustand bedrohen. Wie eine magische Beschwörung bittet sie die Götter der Liebe immer wieder mit den Worten: »Stört die Liebe nicht!«

Damals wie heute gibt es Störungen von außen, die sich zwischen das Paar drängen und die Liebe zerstören können. Bei jungen Paaren sind es oft die Eltern, die mit der Partnerwahl ihres Sohnes oder ihrer Tochter nicht einverstanden sind und die offen oder verdeckt gegen die Verbindung arbeiten. Auch wenn ein Partner eine andere Beziehung noch nicht abgeschlossen hat oder wenn schon Kinder aus einer anderen Partnerschaft da sind, wirken sich solche Umstände belastend auf den gemeinsamen Anfang aus. Aber auch solche schwierigen Beziehungsanfänge leben von dem besonderen Zauber des Anfangs und sei es nur von der Sehnsucht und dem Wunsch nach solch einem Anfangszauber. Gerade anfänglich schwierige Beziehungen würden schnell zerbrechen, würden sie nicht von den magischen Kräften der Liebessehnsüchte zusammengehalten. Oft bindet eine äußere Bedrohung der Liebe die Liebenden eher noch enger zusammen. Nur wenn das Paar entschlossen zusammenhält, sind äußere Störungen zu bewältigen.

Doch es gibt auch innere »Störungen«, die das Ende des Anfangszaubers herbeiführen. Die beiden Liebenden im Hohenlied der Liebe ahnen auch das. Der Anfangszauber hat, wie alles in der Liebe, seine Zeit. Das Mädchen weiß um das Ende der Verliebtheit, das sich aus dem Innersten der Liebe heraus entwickelt. Zwar ruft sie zuerst den anderen zu: »daß ihr die Liebe nicht aufweckt und nicht stört«; aber sie spricht die Liebe selbst an, wenn sie den Satz weiterführt: »bis es ihr, der Liebe, selbst gefällt« *(Hoheslied 3,5).* Letztlich sind es nicht die äußeren Feinde der Liebe, sondern es liegt in der Liebe selbst, daß ihr paradiesischer Anfangszustand einmal enden muß.

Wenn die Liebe erwachsen wird – Die Vertreibung aus dem Paradies

Abschied vom rosaroten Traum

Das Paar des Hohenliedes der Liebe hat es schon geahnt und befürchtet: Die Paradieszeit des Verliebtseins geht irgendwann zu Ende. Auch Adam und Eva *(1. Mose 3)* müssen das schmerzlich erfahren. Am Ende steht die Vertreibung aus dem Paradies, das nun von Engeln mit flammenden Schwertern bewacht wird. Rückkehr ausgeschlossen! Dabei hatte doch alles so gut angefangen, bei den beiden im Paradies des glückseligen Überflusses wie bei allen Verliebten in den Träumen des Anfangs. Adam und Eva sind im Paradies unsterblich, so wie den Liebenden keine Stunde schlägt, weil sie ihre Liebe für unsterblich halten.

Doch wir scheinen das Dauerglück des Verliebtseins nicht auszuhalten, obwohl wir es so schön finden wie keinen Zustand sonst in unserem Leben. Aber wie Eva vom Durst des Wissens zum Griff nach den Früchten am Baum der Erkenntnis getrieben wird, so treibt auch die Verliebten ein unaufhaltsamer Prozeß aus dem Verliebtsein hinaus.

Die Schlange stößt diesen Prozeß an. Sie ist Vorbotin der Veränderung. Sie wechselt immer wieder ihre

Haut und – so dachten die Alten – wird dabei immer wieder neu geboren. Die bisherige Haut wird zu eng. Sie muß aufbrechen und abgeworfen werden, damit eine neue nachwachsen kann.

Übertragen auf die Liebe bedeutet dies, daß etwas Neues ansteht. Das Verliebtsein wird zu eng und verliert an reizvoller Spannung. Der Blick der beiden Verliebten verblaßt in seiner Zauberkraft. Je länger je mehr sieht er nicht mehr nur den anderen, sondern richtet sich auch wieder auf anderes.

Und in dieser Phase kommt die Schlange gerade recht. Sie schleicht sich als etwas Drittes in die symbiotische Einheit der Verliebten und spricht den Zweifel der Liebenden aus: Wißt ihr wirklich alles? Wißt ihr denn, ob euer Verliebtsein nicht mehr als eine Illusion, mehr als ein rosaroter Traum ist? Die Schlange verspricht, daß den Liebenden die Augen aufgehen und sie die Wahrheit erfahren werden, wenn sie nur vom Baum der Erkenntnis essen:

»Ihr werdet keineswegs des Todes sterben, sondern Gott weiß: an dem Tage, da ihr davon esset, werden eure Augen aufgetan, und ihr werdet sein wie Gott und wissen was gut und böse ist« *(1. Mose 3,4)*.

Eva will die verführerische Frucht der Erkenntnis; wer wie Gott ist, der wird auch wissen, was die Liebe ist. Eva will das Geheimnis des Paradieses und der Liebe kennen. Und ist das nicht auch richtig, die Liebe, die so blind macht, besser zu durchzuschauen? Meist sind es auch heute noch die Frauen, die verstehen wollen, was in der Partnerschaft eigentlich los ist. Sie machen sich zuerst Gedanken über die Beziehung und die Liebe – und sie wollen mit ihren Partnern darüber reden.

Eva geht auf das Angebot der Schlange ein, vom Baum der Erkenntnis zu essen. Sie will es wissen. Und sie bekommt wie wir alle die unausweichliche Antwort. Das Verliebtsein ist tatsächlich auch eine Illusion, ein Wahn. Beiden, Adam und Eva, fällt es wie Schuppen von den Augen. »Und ihnen wurden die Augen aufgetan, und sie wurden gewahr, daß sie nackt waren« *(1. Mose 3,7).*

Der Traum bricht in sich zusammen. Die beiden erkennen nun, daß sie anders sind als es im verzauberten Blick des Verliebtseins den Anschein hatte, eben nackt, ein wenig erbärmlich, schutzlos und verletzlich. Die beiden stehen da wie zwei Kinder, die bei einem schönen Spiel gestört wurden.

Wie konnten sie nur übersehen, daß der andere doch nicht so großartig, so schön, so toll ist? Hier spielen uns sehr alte Wünsche aus unserer Kindheit einen Streich. Beim Verlieben sind wir tatsächlich auch Kinder, und nicht nur rational denkende Erwachsene. Es ist vor allem das Kind in uns aus längst vergangenen Tagen, das sich verliebt.

Die Liebe – eine Kindheitsillusion

Natürlich überlegen wir in der Anfangszeit einer Partnerschaft auch ganz bewußt, ob wir zusammenpassen, ob wir die gleichen Interessen, die gleichen Lebensziele haben. Aber entscheidend ist das Kind in uns mit seinen Wünschen und Sehnsüchten, so daß Partner immer wieder an einer Beziehung festhalten, obwohl sie ahnen und wissen, daß das nicht gutgehen kann.

Diesen mächtigen kindlichen Anteil in uns nennt Eric Berne, der Begründer der Transaktionsanalyse, das Kind-Ich. In diesem meist unbewußten Persönlichkeitsbereich sind unsere frühen Erfahrungen als Kind ebenso gespeichert wie unsere kindlichen Bedürfnisse und ungestillten Sehnsüchte aus der Kindheit. Als Erwachsene – Berne nennt diesen Teil das Erwachsenen-Ich – vergessen wir diesen kindlichen Bereich in uns. Doch wenn wir uns verlieben, erwacht das Kind-Ich und meldet seine Wünsche aus der Kindheit an. Aus unserem Kind-Ich heraus suchen wir unbewußt unseren Partner so, daß er zu unseren Kindheitswünschen zu passen scheint. Wir hoffen in unserem Kind-Ich, daß wir im anderen das finden, was wir als Kind vermißt haben. Der andere scheint uns das geben zu können, was wir von unseren Eltern nicht bekommen haben. Da es keine ideale Kindheit gibt, tragen wir alle mehr oder weniger Unerfülltes und Unerledigtes in uns.

Wir erleben mehr oder weniger große Defizite, die als Wunsch bis ins Erwachsenenalter offen bleiben und die wir auch oft wegschieben oder mißachten. Der Partner, in den wir uns dann verlieben, soll die in der Kindheit offen gebliebene Lücke schließen. Die Bedürftigkeit unseres Kind-Ichs ist ein wesentlicher Motor für unsere meist unbewußt ablaufende Partnerwahl. Wir erhoffen uns vom Partner, daß er uns stillen und nähren wird, also das nachholen und geben wird, was in uns immer noch als Hunger nach Nähe, nach Beachtung oder Einfühlung offen ist. Wir sehen im Verliebtsein den anderen mit der Brille unseres Kind-Ichs als einen nährenden Vater oder eine fürsorgliche Mutter.
Eine Frau, deren Vater Alkoholiker war, hatte sehr wenig Sicherheit und Geborgenheit erlebt. Sie verliebte sich schon sehr jung in einen älteren Mann, der ihr nachträglich die so vermißte Stabilität zu geben scheint. Sie sieht in diesem Mann den starken Vater, von dem sie als Kind immer geträumt hatte.

Desweiteren erfahren wir als Kind eine mehr oder weniger starke Festlegung auf ein Bild, das sich unsere Eltern von uns machen. Die Tochter ist dann das kranke, schwächliche Mädchen, die graue Maus oder die eingebildete Prinzessin; der Sohn ist der sensible, kränkliche Junge, der robuste Draufgänger oder langersehnte Prinz und Sunnyboy der Familie. Eltern behandeln ihre Kinder entsprechend einem solchen Bild – manchmal wird es auch offen ausgesprochen. Das wirkt für das Kind wie eine Festschreibung oder eine Verfluchung zu einem bestimmten Schicksal, wie das in Märchen symbolisch beschrieben wird. Der Prinz, also der Junge mit seinen vielfältigen Begabungen, wird zu einem häßlichen Frosch verzaubert; die Prinzessin, also das Mädchen mit ihren Fähigkeiten, wird durch einen Fluch in einen Vogel oder eine Nixe verwandelt. Die so Verzauberten warten auf einen Befreier, der sie aus dem bösen Bann und Fluch erlöst. Dieser Erlöser ist ein Held oder eine Heldin, die für die Erlösung des anderen schwierige Abenteuer zu bestehen haben. Glückt dann die Befreiung des Verzauberten am Ende des Märchens, lebt das Paar glücklich und zufrieden zusammen.

Genauso suchen wir uns im Verliebtsein einen Partner, in dem wir den Erlöser aus unseren Festschreibungen der Kindheit sehen. Eine Frau erzählt, daß ihr Mann sie von Anfang an vergöttert und auf Händen getragen habe. Sie konnte das zunächst gar nicht verstehen, galt sie doch in ihrer Familie und bei ihren Freunden als graues Mauerblümchen. Sie hatte dieses Bild so weit übernommen, daß sie sich nicht auffällig zu kleiden oder sich zu schminken wagte. Im Verliebstein, so berichtet sie, fielen diese Hemmungen wie einschnürende Fesseln von ihr ab. Schon nach kurzer Zeit entsprach sie auch im Äußeren nicht mehr dem Bild eines Mauerblümchens. Sie schien von ihrem Mann wachgeküßt und vom Bann des alten Bildes befreit zu sein. Doch anders als im Märchen gelingt die Erlösung der Verzauberung meist nicht ganz oder nur vorübergehend, auch wenn es in der Euphorie des Anfangszaubers zunächst anders scheint.

Schließlich erleben wir als Kind Verletzungen und Kränkungen, die eine Wunde in unserer Seele hinterlassen haben. Das kann die ständige Kritik des Vaters sein, das kann eine schamvolle Bloßstellung vor anderen oder es kann der Verlust einer wichtigen Bezugsperson, der Großmutter, des Großvaters oder gar der Muttter oder des Vaters sein. Auch die Trennung der Eltern hinterläßt Spuren von Verletzungen in der kindlichen Seele, die wir in unsere Partnerwahl hineintragen. Als Kind versuchen wir zwar, irgendwie mit diesen Wunden zurecht zu kommen, indem wir zum Beispiel besonders anpassungswillig oder leistungsbereit sind, doch die Wunden bleiben und schmerzen weiterhin. Das Kind in uns sehnt sich deshalb nach jemandem, der den Schmerz der Wunde sieht, mitfühlt und ihn ernstnimmt. Aus unserem Kind-Ich erhoffen wir in der Verliebtheit jemanden, der diese Wunde pflegen und heilen könnte.

Fassen wir zusammen: In unserer Partnerwahl erhoffen wir uns einen Retter, der uns von unseren De-

fiziten, Festschreibungen und Wunden der Kindheit befreien kann. Das Kind in uns entwickelt auch schon bald ein Bild von diesem Menschen, der uns retten soll. Es ist eine Ideal- und Wunschgestalt. Es muß zum Beispiel ein starker väterlicher oder liebevoll mütterlicher Retter sein. Das zu kurz gekommene, gekränkte oder verletzte Kind wartet dann sehnsüchtig darauf, bis diese Idealgestalt endlich auftaucht.
Kommt nun jemand, der diesem Bild in etwa entspricht, dann sehen wir in ihm diesen lange ersehnten Retter. Der andere bietet bildlich gesprochen einen Bilderhaken – also irgendeine, manchmal sehr unauffällige Eigenschaft unseres Retterbildes –, an dem wir unser Retterbild aufhängen können. Anders gesagt: Bietet sich ein möglicher Partner oder eine Partnerin als Projektionsleinwand an, dann projizieren wir unser Wunschbild vom erlösenden, heilenden oder nährenden Retter auf den anderen.

Eine Frau erzählt, daß sie schon bei der ersten Begegnung mit ihrem Mann von dessen Ruhe und Gelassenheit gefesselt war. Seine tiefe Stimme, sein kräftige Statur und sein offener, direkter Blick vermittelten ihr unversehens einen Eindruck von großer Souveränität. Sie fühlte sich in seiner Nähe auf unerklärliche Weise sehr geborgen. Auf Nachfragen berichtet sie, daß sich ihr Vater schon früh von ihrer Mutter getrennt hatte. Weil die Mutter die Trennung nicht verkraftet hatte und psychisch krank wurde, wurde sie als Tochter in verschiedenen Pflegefamilien untergebracht. Als sie sich in ihren Mann verliebte, erhoffte sie von ihm einerseits den verläßlichen Vater, andererseits einen Mann, mit dem sie eine stabile Familie, die sie in ihrer Kindheit nicht erlebt hatte, aufbauen kann.

Umgekehrt war er beim Kennenlernen von ihr so fasziniert, weil sie sehr aufgeschlossen und kontaktfreudig erschien. Er spürte bei ihr eine Leichtigkeit und Freiheit, die er von seiner Familie nicht kannte. Seine Mutter und seine beiden älteren Schwestern hatten ihn als Kind sehr eingeengt und bevormundet.

An diesem Beispiel wird etwas weiteres deutlich: Im Verlieben ergänzen sich die Kindheitsbedürfnisse von Mann und Frau wechselseitig. Jeder erhofft aus seinem Kind-Ich heraus vom anderen, daß er ihn von seinen Defiziten und Kindheitswunden befreit. Die Frau sucht aus ihrem Kind-Ich heraus häufig einen väterlichen Retter; der Mann sucht aus seinem Kind-Ich heraus eine mütterliche Retterin.

Deshalb wird jeder der beiden Partner vom anderen als mütterlicher oder väterlicher Retter gebraucht. Eric Berne nennt diesen elterlichen Anteil in uns das Eltern-Ich. Hier sind die Regeln, Normen und elterlichen Verhaltensweisen, die wir von unseren Eltern übernommen haben, abgespeichert. Unser Eltern-

Ich trägt sowohl kritische und strafende als auch fürsorgliche und liebevolle Fertigkeiten in sich. Im Verlieben sehen wir aus unserem Kind-Ich natürlich zunächst nur die liebevollen, rettenden Fähigkeiten im Eltern-Ich des anderen.

So ergibt sich in der Partnerwahl und im Verlieben ein komplexes, unbewußtes Zusammenspiel: Jeder sieht den anderen mit der Brille seines Kind-Ichs und dessen Bedürfnisssen und zugleich bietet jeder dem anderen sich in seinen liebevollen, rettenden Eltern-Anteilen an. Jeder hat also zum einen das Gefühl »Ich werde errettet« und zum anderen das Gefühl »Ich werde als Retter gebraucht«.
Dieses wechselseitige Zusammenspiel nennt der Paartherapeut Jürg Willi eine unbewußte Kollusion. Dieses Zusammenspiel der Bedürfnisse und des sich gegenseitigen Rettens hat den Charakter eines unbewußten Vertrags, den die Partner im Verlieben miteinander entwickeln. Der Vertrag verspricht jedem, was er in der Partnerschaft vom andern erhalten soll, aber auch was er für den anderen tun soll. Der Zauber des Anfangs beruht auch auf diesem Wechselspiel von Retten und Gerettetwerden.
Es ginge nun alles gut, wenn die Partner diesen Vertrag auf Dauer einhalten könnten. Dann bliebe ihnen das Paradies des Anfangsglücks erhalten – eine Vertreibung aus dem Paradies wäre nicht nötig. Aber genau diese steht nun an.

Wir sehen also im Verliebtsein im anderen mehr, als er tatsächlich ist. Der andere ist eben nicht der wundervolle Vater oder die liebevolle Mutter. Das ist das von uns auf ihn projizierte Bild. Auch wenn wir das rational wissen, lassen wir uns täuschen, weil das Kind in uns so sehnsüchtig auf die Rettergestalt wartet. Eher klammern wir uns an die Täuschung, als daß wir in unserem Kind-Ich wieder mit den Wunden oder Defiziten aus der Kindheit allein zurückbleiben. Das Kind-Ich hält entschlossen, manchmal fast verzweifelt an seinem Bild vom anderen fest. Jede Eigenschaft des anderen, die dieses Bild stützt, wird wie unter einer Lupe vergrößert; Eigenschaften, die stören, machen wir wie mit einem Blick durch ein umgekehrtes Fernglas winzig klein.
Doch auf Dauer läßt sich die Realität nicht in rosaroten Farben halten. Die Partner erleben, daß der andere doch nicht nur der gelassene und ruhige Partner oder die nur liebevolle und zärtliche Partnerin ist. Störendes, bisher nicht Gesehenes kommt nun in die Beziehung. Beide Partner erleben, was sie schon ahnten: Der andere ist auf Dauer nicht fähig oder willens, dem anderen gute Mutter oder guter Vater zu sein. Der bisher so verläßliche Partner ist plötzlich auch einmal unpünktlich, vergißt ein Treffen oder übersieht den Tag des Kennenlernens; sie ist nicht mehr nur die spontane und aktive Impulsgebe-

rin in der Beziehung, sondern erwartet auch von ihm Aktivitäten, Anstöße zu Unternehmungen oder will selbst auch einmal passiv und abwartend sein.
Eine noch größere Enttäuschung bereitet die Einsicht, daß die idealen Eigenschaften des anderen sich nun ins Negative verkehren. Was zunächst so schön war, wird nun plötzlich störend und belastend. Ihre intensive Zuneigung wird von ihm zunehmend als eineingend und festklammernd erlebt; seine Sicherheit und Entscheidungsstärke schlägt in ihrem Erleben nun in Dominanz und Eigensinn um. Im Verlieben haben wir übersehen, daß auch die ersehnten und deshalb als ideal betrachteten Eigenschaften des anderen ihre Schattenseiten haben.

Zunächst versuchen die Partner, die Enttäuschung noch zu verdrängen oder wollen sie nicht wahrhaben. Aber es gibt immer wieder kleine Zankereien aus nichtigen Anlässen oder kleine Nadelstiche der Enttäuschung. Das Kind in uns gibt das Idealbild vom anderen nicht so schnell auf. Es klammert sich an der Täuschung fest.
Was bei Adam und Eva in einem Augenblick geschieht, ist bei uns ein allmählicher Prozeß, in dem die Täuschungen zerbrechen. Die nackte Realität – Adam und Eva entdecken erst im Augenblick der Enttäuschung ihre Nacktheit – läßt sich nicht mehr länger leugnen. Die Enttäuschung der Verliebten ist deshalb so stark, weil dieTäuschung aus dem verletz-

ten, gekränkten Kind stammt. Es fühlt sich nun bedroht und fürchtet, vom Partner wieder alleingelassen zu werden mit den alten Defiziten, Wunden und Festschreibungen. Das ersehnte Wunder ist nur zeitweise geschehen. Manchmal kann diese tiefe Enttäuschung in Wut und Zorn umschlagen. Auch bei Adam und Eva ist eine verbitterte Enttäuschung zu spüren, die dazu führt, daß sie sich gegenseitig beschuldigen.
Manches Paar trennt sich, weil es die Diskrepanz zwischen den eigenen Träumen und der nun sichtbar gewordenen Realität nicht aushalten kann.
Diese Enttäuschung zu verkraften, ist die erste Aufgabe für ein Paar am Ende des Verliebtseins. Die Partner müssen von ihrem Idealbild Abschied nehmen. Wir müssen schmerzlich erkennen, daß wir vom anderen nur einen Teil dessen erhalten, was wir uns im Verliebtsein so sehr von ihm ersehnt haben. In der Partnerschaft bekommen wir nicht das, was wir uns als Kind von unseren Eltern wünschen konnten und auch wünschen durften. Wir müssen also auch einsehen, daß unser Partner nicht für die Erfüllung unserer Kindheitswünsche zuständig ist. Deshalb muß sich jeder der beiden Partner selbst noch einmal mit den Defiziten und Verwundungen aus seiner Kindheit beschäftigen. Oft ist es nötig, daß sich die Partner mit ihrer Herkunftsfamilie und mit ihren Eltern auseinandersetzen. Weil wir auch von ihnen das in der Vergangenheit Versäumte nicht

mehr nachträglich erhalten, müssen die Partner für sich Trauerarbeit leisten, in der sie von unerfüllten Wünschen ihres Kind-Ichs Abschied nehmen.
Darin liegt aber auch die Chance der Enttäuschungsphase. Die Enttäuschung über den anderen ist ein Spiegel dafür, was wir an Unerledigtem und Unbewältigtem noch bearbeiten müssen. Zwar kann uns der Partner bei dieser Aufgabe verstehend begleiten, aber die zweite Ablösung von den Eltern und die Verabschiedung von unseren Kindheitswünschen muß jeder Partner selbst leisten. Gelingt diese Entwicklungsaufgabe, die uns durch die Enttäuschung gestellt ist, brauchen wir unsere unerfüllbaren und den anderen meist überfordernden Sehnsüchte und Wünsche nicht mehr ständig in die Beziehung einzubringen und vom anderen einzufordern. Damit wird unsere Liebe ein gutes Stück realistischer und erwachsener.

Einen liebevollen Blick bewahren

Die Enttäuschung hilft uns, den anderen realistischer, ihn also mit seinen Schattenseiten sehen zu lernen. Aber das ist nur der eine Teil, den wir mit der Enttäuschungsphase leisten müssen. Der Partner wird nun auch umgekehrt uns damit konfrontieren, daß wir selbst schwierige Seiten in die Partnerschaft einbringen. Das ist der andere Teil, den wir in der

Enttäuschungsphase lernen müssen: Uns selbst mit unseren Schattenseiten realistisch und selbstkritisch zu sehen. Das heißt auch wahrzunehmen, wie wir mit diesem Teil die Beziehung immer wieder belasten und stören oder den anderen vernachlässigen und verletzen. Es ist aber eine äußerst fruchtbare Arbeit für die Beziehung, wenn wir uns mit den eigenen Schattenanteilen auseinandersetzen.

Beziehungsarbeit beginnt deshalb immer zuerst bei uns selbst, nie beim anderen. Versuchen wir den anderen zu verändern und nach unserem Bildnis zu formen, übersehen wir, daß wir bei uns beginnen müßten. Wenn wir merken, daß wir am anderen herumnörgeln und ständig Kritik an ihm üben, ist das der Impuls, zunächst auf uns zu schauen. Was uns am anderen negativ ins Auge fällt, ist häufig das Eigene, das wir an uns noch nicht sehen wollen. Es liegt nahe, die eigenen Defizite und Schattenseiten auf den anderen zu projizieren und sie dann dort verändern zu wollen oder zu bekämpfen. Allerdings führt das dazu, daß der andere in eine Verteidigungshaltung geht und es zu unfruchtbaren Streitigkeiten kommt, die sich in einem Hin und Her von Angriff und Verteidigung erschöpfen.

Stattdessen geht es darum, an den eigentlichen Beziehungsdefiziten – und das sind immer auch unsere eigenen Defizite – zu arbeiten. Wir werden in einem späteren Kapitel sehen, worin die eigentlichen Beziehungsthemen, die uns als Paar Probleme machen, bestehen. Aber auch sie sind in der Partnerwahl schon angelegt und für jedes Paar ganz typisch. Sie entspringen unserem Kind-Ich und sind durch die Enttäuschungsphase nicht gänzlich gelöst worden. In späteren Konflikten tauchen diese speziellen Themen als Schwierigkeiten immer wieder auf und müssen dann in der auftretenden Auseinandersetzung bearbeitet werden.

Beziehungsarbeit ist jenseits des Garten Edens nötig, damit wir diese Konfliktthemen produktiv und entwicklungsfördernd aufgreifen und angehen. Adam und Eva werden nicht nur aus dem Paradies vetrieben, sondern ihnen ist harte Arbeit als Aufgabe gestellt. Für Eva heißt es, daß sie unter Mühen Kinder gebären soll *(1. Mose 3, 16)*, und Adam wird jenseits von Eden folgendes erwarten: »Im Schweiße deines Angesichts sollst du dein Brot essen, bis du wieder zu Erde werdest davon du genommen. Denn du bist Erde und sollst zu Erde werden« *(1. Mose 3,19)*.

Jenseits des Verliebtseins ist ständige Arbeit an der Beziehung nötig, die durchaus auch mühselig und schmerzlich sein kann. Aber anders als im Paradies ist nun Entwicklung möglich, und fortan kann sich immer wieder Neues in einer Partnerschaft entwickeln. Ist im Paradies des Verliebtseins die Liebe nur himmlisch, so wird sie draußen vor den Toren des Paradieses geerdet und kommt auf den Boden der Realitäten. Das heißt aber nicht nur, daß Adam

und Eva, sondern auch die Liebe der Vergänglichkeit unterworfen wurden.
Auch wenn wir nun den anderen sehen und wie Adam und Eva den »nackten Tatsachen« ins Auge blicken müssen, so ist es wichtig, daß wir einen liebevollen Blick bewahren, mit dem wir den anderen anschauen. Der andere – und natürlich auch wir selbst – ist mit der Enttäuschungsphase verletzlich und angreifbar geworden. Deshalb decken Adam und Eva ihre Blößen mit Feigenblättern wieder zu. Die Angst vor Verletzung, vor Kränkung und Abweisung kommt mit der Enttäuschung in die Beziehung zwischen Mann und Frau.
Unsere Liebe bewährt sich nach der schmerzlichen Enttäuschung darin, daß sie den anderen in seinen Schwächen und Schattenseiten nicht bloßstellt, angreift oder ihn verletzt. Der Blick der Liebe sieht auch in den Schwächen und Grenzen des anderen eine Chance und Entwicklungsmöglichkeiten. Und die Liebe ist jenseits von Eden auch bereit, daran für eine gemeinsame Entwicklung zu arbeiten.
Mit der Vertreibung aus dem Paradies hat der Entwicklungsweg der Liebe begonnen. Nun gibt es keine Zurück mehr, weil die Liebe sich neu entfalten will.
Gibt es damit tatsächlich keine Rückkehr mehr ins Paradies? Ist der Weg wie für Adam und Eva tatsächlich durch Engel mit flammenden Schwertern versperrt?

Ich glaube, daß auch in späteren Momenten des Glücks, in Augenblicken der sexuellen Verschmelzung die Rückkehr möglich ist, wenn auch nur für Augenblicke – aber diese kurzen Momente zeigen uns immer wieder, was der Ausgangspunkt des gemeinsamen Entwicklungsweges der Liebe ist.

Streiten gehört zur Liebe – Konflikte lösen lernen

Unterschiede sind normal

Nun stehen sie also nackt da – Adam und Eva. Der kleine Unterschied zwischen den beiden läßt sich mit den Feigenblättern nur mühsam verbergen. Und es gibt noch viele andere Unterschiede zwischen zwei Partnern, Unterschiede, wie er und sie die Welt sehen, wie er und sie das gemeinsame Leben gestalten wollen, welche eigenen und gemeinsamen Lebensziele jeder hat. Solche Unterschiede sind ganz normal, auch wenn wir sie gerne zudecken wollen, weil die unterschiedlichen Wünsche, Interessen und Ziele dann in Konflikten aufeinander prallen.

Im Leben von Paaren gibt es heute wesentlich mehr Konflikte als in früheren Zeiten, weil unsere Partnerschaften nicht mehr von alten Rollenbildern und Traditionen geprägt und von vornherein festgelegt werden. Die alten Rollenbilder haben für die Paare früher vieles automatisch geregelt. Es war klar, daß die Frau zu Hause blieb und für die Kinder und Familie zuständig war, während der Mann einer Tätigkeit außerhalb nachging. Es war auch geregelt, wer in Partnerschaft und Familie das Sagen hatte. Dabei war die traditionelle Rolle der Frau bis in kleinste Entscheidungen hinein zu ihrem Nachteil zementiert. Wir sprechen von einer *Normbiographie* für die Frau. Der Mann dagegen hatte wesentlich mehr Möglichkeiten, sein Leben zu gestalten, zum Beispiel in bezug auf seine Berufswahl. Wir sprechen von einer *Wahlbiographie* des Mannes.

Im Gefolge der Studenten- und Frauenbewegung und der Bildungsreform haben Frauen heute ebenfalls die Chance einer Wahlbiographie, das heißt, auch sie können ihren Bildungsweg, ihre Berufswahl, ihren Wohnort und ihre Lebensform frei wählen. Diese Freiheit können Frauen allerdings meist nur solange verwirklichen, bis sich durch eigene Kinder wieder die alten Rollenzuschreibungen in der Partnerschaft einstellen. Selbst wenn Frauen dann berufstätig bleiben, sind meist sie es wieder, die trotz des Berufes vorwiegend für Kinder und Haushalt zuständig sind.

Dennoch hat die beschriebene Entwicklung die Freiräume und Wahlmöglichkeiten von Frauen wesentlich erweitert. Dies ist zugleich auch eine wichtige Voraussetzung dafür, daß Männer und Frauen in heutigen Partnerschaften gleichberechtigt miteinander leben können.

Allerdings haben die beschriebenen Prozesse auch konfliktträchtige Konsequenzen für Paare: Nun müssen zwei Wahlbiographien, die sehr oft auseinanderlaufen, zusammengebracht werden. Alles wird nun unsicher, weil alles auf immer wieder neu zu diskutierenden Entscheidungen und Vereinbarungen der Partner beruht: Soll sie oder er berufstätig sein – ganztags oder halbtags, phasenweise der eine oder der andere? Will das Paar Kinder – ja oder nein, zu welchem Zeitpunkt und in welchem Abstand, ein Kind oder mehrere? Wer ist für die Hausarbeit, wer für die Erziehung zuständig? Welche der beiden beruflichen Karrieren hat Vorrang?

Was früher durch die Geschlechtsrollen automatisch – und zum Nachteil der Frau, was immer wieder betont werden muß – geregelt wurde, ist nun Gegenstand immer wiederkehrender Diskussionen und zäher Verhandlungen. Mit der Zahl der Wahlmöglichkeiten, die Paare heute haben, wächst die Zahl der Konfliktfelder, in denen sich unterschiedliche Meinungen, Interessen und Ziele reiben. Das erfahren Paare, die nach der Verliebtheitsphase zusammenziehen, zunächst sehr massiv. Das Paar muß einen eigenen Lebenstil entwickeln, es muß klären, wieviel Nähe und Distanz, wieviel Eigenständigkeit und Gemeinsinn, wieviel Freiheit und Verpflichtung in der Partnerschaft möglich, aber auch förderlich ist.

Natürlich erleben Paare Unterschiede und Konflikte zunächst als störend. Nicht zuletzt auch deshalb, weil wir nicht gelernt haben, diese Unterschiede zuzulassen, sie zu benennen und mit ihnen konstruktiv umzugehen. Die Versuchung liegt nahe, daß die Partner wie Adam und Eva, ihre Unterschiedlichkeiten und Differenzen mit Feigenblättern zudecken. Viele Paare folgen dem unausgesprochenen Ideal einer Harmonie, die alle Gegensätze »unter dem Teppich« halten will. Das mag eine ganze Weile gutgehen, solange der gute Wille und die Bemühungen der Partner die Leugnung der Unterschiede durchhalten. Doch irgendwann zeigt der Teppich Risse, und die Gegensätze brechen dann auf.

Auch die Vorstellung, daß sich verdrängte Konflikte irgendwann in Luft auflösen, erweist sich meist als Illusion. Verdrängte Konflikte wirken auch im Verborgenen weiter und zwar meist destruktiv. Das Paar spürt dann zunächst nur vage, daß etwas nicht stimmt, daß die Atmosphäre gespannt ist. Ein kleiner Funke genügt, das bereitliegende Pulverfaß zu sprengen.

Bei anderen Paaren verzichtet nur ein Partner auf eigene Wünsche und Interessen. Auch das mag eine Weile gelingen. Doch irgendwann fühlt sich der, der immer wieder auf das Eigene verzichtet, gegenüber dem anderen benachteiligt. Unterschwellig sammelt er Gefühle von Groll und Neid an.

Gegensätze und Unterschiede eines Paares können von sehr unterschiedlichem Gewicht sein. Hiob und seine Frau *(Hiob 2)* haben einen sehr tiefreichenden Gegensatz zu bewältigen. Bei ihnen geht es ums Ganze, nämlich um den Glauben und um die Haltung zum Leben.

Wie glücklich und gesegnet war dieses Paar gewesen. Sie hatten es zu einem großen Wohlstand gebracht und sieben Söhnen und drei Töchtern das Leben geschenkt. Doch dann war großes Unglück über Hiob und seine Frau hereingebrochen. Die Herden wurden vernichtet, die Felder lagen brach und die Kinder, das Glück und der Stolz eines jeden israelitischen Paares, waren umgekommen.
Und dennoch blieb Hiob bei seinem Glauben. Kein noch so kleiner Zweifel regte sich in seiner Brust. Er sah auch in dem verheerenden Unglück den guten Gott wirken. Nimmt es da Wunder, daß seine Frau die gegensätzliche Position einnimmt und nicht verstehen kann, daß er immer noch an seinem Glauben und seiner hartnäckigen Frömmigkeit festhält? Voller Verzweiflung, aber auch Enttäuschung schleudert sie ihm entgegen: »Hälst du noch fest an deiner Frömmigkeit?« *(Hiob 2,9)*.
Wie viele Gespräche und Diskussionen mögen die beiden geführt haben? Nächtelang müssen sie debattiert haben. Und dabei blieb er bei seiner Sicht, die nur eine zornige Ohnmacht bei ihr zurücklassen konnte. Wie oft mag sie ihr Gesicht nach solchen Streitigkeiten weinend ins Kissen gedrückt haben; wie oft mag er dann noch entschlossener zu seinem Gott gehalten haben?
Sie kann nicht sehen, wie wichtig ihm sein vorbehaltloser Glaube ist. Sie unterstellt ihm, daß es nur seine Sturheit und Rücksichtslosigkeit sind, die sie

gegen sich gerichtet fühlt. Aber sein Glaube ist ein Teil seiner Identität und seiner Person. So hatte sie ihn kennengelernt und so hatte sie ihn geschätzt und gemocht. Und nun wird das, was sie damals an ihm als Festigkeit und Zuverlässigkeit bewundert hatte, zum größten Problem für sie und die Partnerschaft. Sie kann ihm dann nur wutentbrannt ins Gesicht schleudern: »Sage Gott ab und stirb!« *(Hiob 2,9)* – das sei immer noch besser als das Elend weiter mitzumachen.

Er wiederum kann sie in ihrer Enttäuschung über das Unglück, das ihr die Kinder genommen hat, nicht verstehen. Er kann sich in ihren Schmerz über den schlimmen Verlust der Kinder nicht einfühlen, geschweige denn ihn nachvollziehen. Er empfindet ihren Schmerz nur als ungerechtfertigten Vorwurf. Er kann sich auf die Gefühle seiner Frau nicht einlassen, statt dessen klammert er sich an seinen Glauben. In ihren Gefühlen der Verzweiflung sieht er ihren Kleinglauben, den er als Angriff auf seine Frömmigkeit erlebt. Seine Frau formuliert und zeigt mit ihren Gefühlen die Zweifel, die er bei sich nicht zulassen kann.

In solchen Konflikten kommt meist noch hinzu, daß sich beide Partner gegenseitig heftige Schuldvorwürfe machen. Hiob könnte sagen, daß sie am Unglück mitschuldig ist, weil sie zu wenig geglaubt habe. Sie könnte erwidern, daß er an der Katastrophe mitschuldig ist, weil er zu lange an seinem blinden Glauben festgehalten habe. Die Schuld wird in solchen Konflikten immer beim anderen oder in den Umständen gesehen. Klassisch haben diese untaugliche Methode der Konfliktlösung Adam und Eva vorgemacht. Adam schiebt die Schuld auf Eva, Eva schiebt die Schuld weiter auf die verführerische Schlange *(1. Mose 3,12 und 13)*.

Diese Methode führt zu einer Spirale von Vorwurf und Gegenvorwurf, von Angriff und Gegenangriff bis hin zu persönlichen Abwertungen und Anfeindungen »unter der Gürtellinie«. So kann sich Hiob nicht mehr anders wehren als mit einem generalisierenden, abwertenden Angriff auf seine Frau: »Du redest wie die törichten Weiber reden« *(Hiob 2,10)*.

Die Partner verstehen nicht, was dem anderen eigentlich wichtig ist. Vielmehr treibt die Unterschiedlichkeit das Paar in extreme Positionen auseinander. Das Konfliktthema polarisiert sich, und jeder wird auf seine Position festgenagelt, aus der es kein Entkommen gibt. Hiob ist dann der rücksichtslose Starrkopf, seine Frau die jammernde Zweiflerin. Sind die Unterschiede einmal als feste Bilder und Urteile dem Partner zugeschrieben, wird es dem Paar kaum gelingen, sich daraus zu befreien. Der andere entspricht dann in seiner Person und in seinem Charakter dem Bild, das ihm vom Partner angeheftet wird. Wie könnte er sich verändern und wie könnte der andere ihm eine Veränderung zutrauen? Und

umgekehrt: Wenn einer der Partner schon sein Bild abbekommen hat, wird er sich – aus Trotz oder Rache – auch entsprechend verhalten.
Es stellen sich deshalb zwei entscheidende Fragen: Wie können Paare eine solch unglückselige Polarisierung vermeiden? Wie können sie produktiv mit Unterschieden und Konflikten umgehen?

Lösungen sind möglich

Der erster Schritt zu Konfliktlösungen liegt in unserer Einstellung zu Konflikten. Sind denn Unterschiede zwischen Partnern nicht ganz natürlich, einfach deshalb, weil es sich um zwei sehr verschiedene Menschen mit differierenden Wünschen und Träumen handelt? Wenn wir dies bejahen, dann könnten wir unsere Unterschiede auch einmal stehen lassen und sie akzeptieren, statt sie dem anderen als persönliches Versagen zu unterstellen oder sie als persönlichen Vorwurf zu empfinden.
Vielleicht können wir in einem zweiten Schritt sehen, daß Unterschiede eine Partnerschaft auch spannend machen. Sie fordern uns heraus, in Bewegung zu bleiben, weil uns der andere mit seinem Anderssein auch in Frage stellt. Das könnte, konstruktiv verstanden, auch immer wieder ein Anstoß für unsere eigene Entwicklung sein. Es macht eine Partnerschaft auch deshalb lebendig, weil wir nie genau wis-

sen, wohin uns diese Spannung der Gegensätze und Unterschiede treiben wird. Eines aber ist sicher: ohne die Spannung der Gegensätze würde unsere Partnerschaft bald erstarren. Unterschiede sind also ein wichtiger Motor für ein Paar auf dem Entwickungsweg der Liebe, weil immer wieder gemeinsame Lösungen gesucht werden müssen. Um diese zu finden, müssen sich beide bewegen – das ist die Chance von Konflikten.

Wenn Paare für sich gelten lassen können, daß Unterschiede und Konflikte ganz normal sind, dann können sie Konflikte auch frühzeitig und offen ansprechen. Je früher das geschieht, umso weniger Mißverständnisse, gegenseitige Unterstellungen und destruktive Aggressions- und Rachegefühle entwickeln sich. Viele Paare sammeln ihren Ärger und Groll gegen den anderen wie Rabattmarken solange an, bis diese Gefühle bei einem kleinen, unscheinbaren Anlaß herausplatzen. Dann kann man dem anderen alles um die Ohren schlagen, schließlich hat man bei soviel Ärger auch einen Grund, dies endlich zu tun. Die Partner sehen dabei aber nicht, daß sie eine Verantwortung für den Umgang mit ihren Ärgergefühlen haben, zumal ein so geäußerter Ärger dem anderen meist neue Verletzungen zufügt.

Das frühzeitige Ansprechen von Unstimmigkeiten oder Konflikten fällt besonders Männern schwer.

Menschen, die ein starkes Harmoniebedürfnis entwickelt haben, scheuen sich ebenfalls, ungeklärte oder konfliktträchtige Themen der Partnerschaft anzusprechen. Sie meinen: Gerade jetzt kann man doch die Harmonie nicht stören, gerade jetzt kann man doch den Ärger dem anderen nicht zumuten. So wird das Ansprechen eines Konfliktes immer weiter hinausgeschoben.
Deshalb brechen heftige Konflikt meist in der ungelegensten Situation auf, nämlich gerade dann, wenn der Besuch in wenigen Minuten kommen soll oder wenn das Auto vollgepackt für die Abfahrt in den Urlaub bereitsteht.

Das Gespräch über Konflikte, über eine Unzufriedenheit mit dem anderen oder eine Unstimmigkeit verträgt in der Regel keinen Zeitdruck. Es ist deshalb sinnvoll, dem anderen anzukündigen, daß es etwas zu besprechen gibt. Das könnte sich in etwa so anhören: »Ich möchte gerne mit dir über die Aufteilung unserer Hausarbeiten sprechen. Ich bin damit nicht mehr recht zufrieden. Wann könnten wir das in Ruhe machen?«
Das Konfliktgespräch kann dann abends ohne Kinder, ohne Fernsehen, ohne Zeitung besprochen werden. Jeder Konflikt ist für beide Partner und für die Beziehung selbst so wichtig und bedeutsam, daß der Austausch darüber nicht durch anderes gestört werden darf. Auch ein Konflikt braucht die liebevolle

Zuwendung und Aufmerksamkeit beider Partner, dann sind Klärungen auch möglich.
Auf dem Weg zu gemeinsamen Lösungen hilft es, wenn wir unsere Ärgernisse, unsere Unzufriedenheit oder Kränkung als »Ich-Botschaft« äußern. Ich beginne bei mir und sage, wie ich mich mit einem bestimmten Problem fühle. Damit signalisiere ich dem anderen, daß der Konflikt auch meine Sache ist und daß auch ich daran beteiligt bin. Anders als »Du-Botschaften« kann das »Ich« helfen, mein Anliegen nicht als Vorwurf oder Angriff zu formulieren. Das Paar kann sich dann auf eine ruhige und sachliche Weise mit dem Problem auseinandersetzen.

In Partnerschafskonflikten gilt es zudem, die *Inhalts-* und *Beziehungsebene* zu unterscheiden. Zunächst zeigen und entzünden sich Konflikte an konkreten Inhalten und Sachproblemen: Er will ans Meer fahren, sie in die Berge; ihm ist es im Haus ordentlich genug, sie wünscht sich mehr Ordnung; ihr reicht seine Mithilfe im Haushalt oder sein Engagement bei der Erziehung der Kinder nicht aus, er hält seine Mitarbeit für weit mehr als genügend; für sie arbeitet er zu viel, er ist seiner Meinung nach früh und oft genug zu Hause. Es gibt also bei jedem Paar eine große Zahl von unterschiedlichsten sachlichen Problemen. Damit ist die Inhaltsebene angesprochen.
Versteht sich ein Paar gut, kann es die unterschiedli-

chen Positionen aussprechen und die des Partners zunächst gelten lassen. Man kann dann gemeinsam verschiedene Lösungsvorschläge sammeln, die beide Partner einmal unzensiert, ohne sofortige Einwände des anderen äußern können. Auch zunächst unrealistische erscheinende Einfälle und Vorschläge können dann in ihrer veränderten Form zu einer Lösung beitragen.

Die Konfliktlösungen bestehen häufig in einem Kompromiß. Die Partner treffen sich in der Mitte, weil jeder ein Stück von seiner Position abrückt, um dem anderen entgegenzukommen. Können wir von unserer Position nur schwer abrücken, sind alternierende Lösungen nach dem Motto »Heute machen wir deines, morgen meines« ein Ausweg aus fest gefügten Fronten. Vielen Paaren hilft es auch, wenn sie ihre Bereiche aufteilen und mit folgender Vereinbarung klar voneinander abgrenzen: »Das ist meine Zuständigkeit, das deine Zuständigkeit. Du machst es in deinem Bereich auf deine Weise, ich in meinem Bereich auf meine Weise.«

Natürlich ist der Verzicht auf die eigene Position und Vorstellung immer wieder nötig. Ohne Verzicht und die Bereitschaft, das Eigene auch einmal zu opfern, kommt keine Partnerschaft auf Dauer aus. Doch dieser Verzicht muß sehr bewußt auf sich genommen werden, sonst fühlen wir uns benachteiligt oder vom anderen übervorteilt. Ein Konflikt ist nicht wirklich und auf Dauer gelöst, wenn wir es nur halbherzig oder nur um des »lieben Friedens willen« tun, weil wir eigentlich mit der Lösung unzufrieden sind, ohne daß wir das zunächst selbst bemerken oder aussprechen. Das Verzichten auf eigene Positionen oder das Nachgeben muß sich auf längere Sicht gesehen zwischen den Partnern die Waage halten. Es kann durchaus Phasen geben, in denen ein Partner mehr zurücksteht oder mehr an Eigenem für die Beziehung opfert. Doch dies muß vom anderen gesehen, gewürdigt und in absehbarer Zeit wieder ausgeglichen werden.

Ein ständiges Einlenken und Verzichten führt zur Anpassung und Unterordnung eines Partners. Das damit unweigerlich verbundene Gefühl von Ungerechtigkeit wird in Konflikten eruptiv ausbrechen.

Schließlich kann es auch sinnvoll sein, die unterschiedlichen Standpunkte nur auszusprechen und gelten zu lassen, aber keine schnelle Lösung zu erzwingen. Manchmal kann man aus einem zeitlichen Abstand später gelassener damit umgehen, manchmal verändert sich schon etwas durch das Aussprechen und Stehenlassen. Der Blick aus der Distanz auf das Problem relativiert ebenfalls manches, weil unsere Gefühle sich abkühlen und wir einen Konflikt mit klarem Kopf – vielleicht sogar manchmal aus der Sicht des anderen – sehen und verstehen können.

Gelingen dem Paar immer wieder Konfliktlösungen,

erleben beide Partner, daß Lösungen von Konflikten ihnen selbst, aber natürlich auch der Partnerschaft auf lange Sicht mehr einbringen, als das Beharren auf dem eigenen, meist kurzfristigen Vorteil. Sie werden dann auch die Erfahrung machen, daß auch der andere loslassen und auf seine Position verzichten kann. Konflikte werden so zu einer Chance, in einen wechselseitigen Austausch von Geben und Nehmen zu kommen. Ein häufiger Austausch zwischen den Partnern aber ist Kennzeichen von »glücklichen« Paaren.

Was steckt eigentlich dahinter?

Vielen Paaren aber gelingt es nicht, ihre Konflikte, ihre anstehende Entscheidungen oder Meinungsverschiedenheiten auf einer sachlichen Ebene zu klären. Es kommt zu einem unerquicklichen Streit, der rasch emotional und heftig wird. Die Vorwürfe gehen dann auch meist »unter die Gürtellinie«. Neue Verletzungen und Kränkungen sind vorprogrammiert.

Offensichtlich, so fühlen beide, geht es dann gar nicht mehr um das sachliche Problem, sondern um etwas tiefer Liegendes. Es geht eigentlich um die Beziehung und wie sich die Partner in ihr fühlen. In einem scheinbar sachlichen Problem ist nun die Beziehungsebene angesprochen.

Ein Paar gerät immer wieder in heftige Auseinandersetzungen, weil er häufig zu lange arbeitet. Das Paar streitet sich darum, wann er nach Hause kommen soll. Immer wieder verspricht er ihr, pünktlich zu sein. Aber weil er seine Zusagen nicht einhält, wird sie immer wieder aufs Neue enttäuscht. Hinter dem scheinbar sachlichen Problem seiner Unpünktlichkeit steckt etwas anderes. Für sie ist sein Zuspätkommen ein Zeichen dafür, daß er die Partnerschaft nicht wichtig genug nimmt. Sie fühlt sich *eigentlich* von ihm vernachlässigt. Er muß sich tatsächlich fragen lassen, was ihm wichtiger ist, seine Partnerin und die Beziehung oder seine Arbeit. Es geht hier um ein grundsätzliches Thema der Beziehung zwischen den beiden. Ist die Beziehungsebene in einem Konflikt angesprochen, fühlen sich beide Partner nun sehr persönlich getroffen.

Das wird auch im Streit eines anderen Paares deutlich. Sie sagt zu ihrem Mann, daß er doch die Küche nicht so unaufgeräumt hinterlassen könne. Eigentlich will sie nur, daß er wie vereinbart die Küche sauber hinterläßt. Aber weil sie das nicht als Wunsch, sondern als Vorwurf äußert, fühlt er sich von ihr angegriffen. Sofort reagiert er mit einem Gegenvorwurf, daß sie das Wohnzimmer noch nicht aufgeräumt habe. Die heftigen Emotionen der beiden zeigen, daß es *eigentlich* gar nicht um Küche oder Wohnzimmer geht.

Er fühlt sich von seiner Frau nicht nur in dieser Situation, sondern auch sonst sehr häufig bevormundet und nicht als erwachsener Mann ernstgenommen. Und das erinnert ihn an seine übergenaue Mutter, die ständig etwas von ihm wollte. Wie damals wehrt er sich auch seiner Frau gegenüber, indem er trotzig und aggressiv aus seinem Kind-Ich heraus reagiert.

Sie wiederum fühlt sich von ihrem Mann in ihrem Wunsch nach Ordnung nicht ernstgenommen. Sie hat den Eindruck, daß ihr Mann nicht auf sie eingeht und daß er sie in ihrem Wünschen mißachtet. Das erinnert sie daran, daß sie in ihrer Familie als Jüngste von den anderen nicht gehört und ernstgenommen wurde. Weil sie das auch auf ihre Partnerschaft überträgt, nimmt sie an, daß sie ihre Wünsche sehr deutlich reklamieren muß. Das wiederum löst bei ihrem Mann das Gefühl von Bevormundung aus.

Dieser Konflikt auf der Beziehungsebene wird sich dann immer wieder an kleinen Auslösern auf der inhaltlichen Ebene entzünden, bis das Paar versteht, was *eigentlich* hinter den häufigen Streitigkeiten steht. Wenn sich viele Konflikte immer wieder an solchen Kleinigkeiten entzünden und die Auseinandersetzungen immer wieder zu denselben ärgerlichen oder verletzten Gefühle führen, sollte sich das Paar fragen, was *eigentlich* auf der Beziehungsebene dahintersteckt.

Der erste Schritt zu einer Lösung auf dieser tieferen Ebene besteht darin, daß sich beide Partner fragen, in welchen Gefühlen sie sich bei diesen Streitigkeiten eigentlich getroffen fühlen. Fühle ich mich vernachlässigt, fühle ich mich kontrolliert, nicht ernstgenommen, vom anderen alleingelassen oder überfürsorglich eingeengt? Diese Gefühle zeigen den Partnern meist sehr klar, um welches Beziehungsthema es bei den Konflikten *eigentlich* geht.
Bei dem letzten Beispiel geht es *eigentlich* darum, daß sich die Partner gegenseitig nicht ernstnehmen und in ihren Wünschen nicht wertschätzen.

Können die Partner in einem zweiten Schritt ihre Gefühle auf der Beziehungsebene als Ich-Botschaft aussprechen, werden sie in der Regel entdecken, daß sie in einem ganz ähnlichen Gefühlsbereich und in demselben Beziehungsthema betroffen sind.
Diese Einsicht hilft jedem Partner nun, sich auch in die Gefühlslage des anderen einzufühlen, weil es auch ihm selbst bei den Konflikten emotional ganz ähnlich ergeht. Die Partner brauchen nun nicht mehr auf der eigenen Verärgerung oder Verletzung beharren, sondern können sich fragen, auf welches gemeinsame Thema sie im Konflikt gestoßen sind.
Es sind im übrigen häufig die Themen, für die wir im Verliebtsein vom anderen eine Lösung erhofften. Im obigen Beispiel hatten sich beide in der Verliebtheitsphase vom anderen sehr wichtig und ernstge-

nommen gefühlt, so wie sie es in ihrer Kindheit und Herkunftsfamilie noch nie erlebt hatten. Im Alltag aber setzten sich allmählich die alten Muster aus der Kindheit durch: Jeder hatte den Eindruck, wie damals nicht wirklich ernstgenommen zu werden und jeder hatte dann mit den damals erlernten – in der Paarsituation allerdings untauglichen – Methoden versucht, sein Bedürfnis nach Wertschätzung durchzusetzen.

Daran wird wiederum deutlich, daß Konflikte auf der Beziehungsebene bei beiden Partnern häufig alte Themen aus der Kindheit wiederbeleben. Beide reagieren wie in der Verliebtheitsphase, nun aber destruktiv aus dem Kind-Ich heraus. Jeder fühlt sich vom anderen in seinem Kind-Ich benachteiligt, angegriffen oder bevormundet, und er sieht im anderen nur noch ein kritisches, dominierendes oder bedrohliches Eltern-Ich. Jeder muß sich nun wieder aus seinem Kind-Ich heraus trotzig wehren oder sich enttäuscht und verletzt zurückziehen. Diese Reaktionen führen meist zu einer weiteren Eskalation eines Konfliktes bis hin zu neuen Verletzungen.

Die Frage »Woher kenne ich das Gefühl, das ich in unseren Konflikten immer wieder erlebe?« läßt die Partnern sehen, daß Konflikte auf der Beziehungsebene bei beiden Partnern auch aus den alten Kindheitsthemen gespeist sind. Mit diesem Zugang wird dem Paar verständlich, um was es *eigentlich* geht, nämlich nicht um die aktuellen Streitanlässe, sondern um ungestillte Bedürfnisse, die teils in der Partnerschaft, teils in der Kindheit von beiden nicht gestillt werden konnten.

Hat ein Paar verstanden, welches Thema auf der Beziehungsebene in einem Konflikt berührt ist, kann es nun auf der Inhaltsebene nach konkreten Veränderungsmöglichkeiten suchen. Die Partner können sich nun gemeinsam überlegen, wie sie mit dem im Konflikt aufgebrochenen Bedürfnis in der Paarbeziehung besser umgehen können. Wie kann im vorigen Beispiel der Mann ihr mehr Wertschätzung zeigen? Er könnte aufmerksamer wahrnehmen und ihr gegenüber auch aussprechen, was sie für die Beziehung und Familie tut. Umgekehrt könnte sie sich fragen, wie sie ihn ernstnehmen und wie sie ihm das zeigen könnte. Sie könnte ihm aufmerksamer zuhören oder nachfragen, wenn sie etwas nicht verstanden hat.

Diese Möglichkeit, häufig auftretende Konflikte auf der Beziehungsebene zu verstehen und dann auch zu verändern, gelingt allerdings den Paaren nicht mehr, bei denen die Konflikte schon sehr lange oder sehr massiv vorhanden sind. Solche Paare brauchen in der Regel die Hilfe eines Paartherapeuten, der als neutraler Dritter mit dem Paar die Konfliktthemen auf der Beziehungsebene herausarbeitet und gemeinsam nach Lösungswegen sucht.

Blicken wir noch einmal auf Hiob und seine Frau zurück. Hätte den beiden unser heutiges Wissen über die Möglichkeiten, Partnerschaftskonflikte zu verstehen und zu bewältigen, geholfen? Wir wissen es nicht. Aber vielleicht hätten sich beide besser in die Position des anderen einfühlen können und dem anderen das ihm Wichtige – für Hiob waren es sein Glaube und seine Frömmigkeit, für seine Frau der Schmerz und ihre Trauer – lassen können. Dann hätte sich Hiobs Glaube ins Weite und die Trauer seiner Frau sich ins Leben hinein öffnen können. In die festgefügten Konfliktfronten wäre Bewegung gekommen, und beide hätten sich vielleicht wieder auf eine gemeinsame Entwicklung einlassen können.

Wenn die Liebe Neues will – Vom Paar zur Familie

Die Sehnsucht nach Neuem

Die Liebe lebt aus der Spannung, die zwischen zwei unterschiedlichen Menschen, zwischen Mann und Frau entsteht. Auch wenn das Geheimnis des anderen nie ganz ausgelotet werden kann und wenn immer wieder neue Entwicklungen in der Zweiheit des Paares möglich sind, steht jedes Paar in der Gefahr, daß die Spannung und gegenseitige Anziehung erlahmt.

Deshalb drängt jede Paarbeziehung auf eine Erweiterung durch ein Drittes. Die Zahl Drei ist ein Symbol für Dynamik.Wenn drei Menschen zusammen sind, entsteht Bewegung. Zwischen drei Menschen sind verschiedene Konstellationen möglich; man kann sich der Liebe nicht mehr so sicher sein, weil ein dritter die Zuneigung des Partners erlangen könnte. Mit dem Dritten kommt neben der neuen Spannung auch Rivalität und Eifersucht ins Spiel.

Der Wunsch nach dem Dritten äußert sich meist immer noch in der Sehnsucht nach einem Kind, auch wenn anderes – wie der Aufbau eines gemeinsamen Geschäftes, eines gemeinsamen Engagements oder

eines Freundeskreises – die Funktion des Dritten zumindest zeitweise übernehmen kann.
Das Kind ist das eindrücklichste Symbol für das Neue, das aus der Zweierbeziehung wachsen und hervorgehen will. Das Kind entsteht aus der Verschmelzung von Samen- und Eizelle und ist deshalb sichtbares Zeichen für die Sexualität eines Paares. Das Kind ist Frucht der Liebe und der Lust eines Paares. Wenn ein Kind aus dieser Lust am Leben gezeugt wird, ist das die beste Voraussetzung, daß das Paar und das Kind miteinander glücklich werden.
Einerseits finden sich im Kind beide Partner mit ihren Erbanlagen wieder, andererseits entsteht durch die einmalige Kombination der Gene beider Eltern ein ganz neues Wesen mit einer ganz besonderen, unverwechselbaren Ausstattung, mit eigenen Bedürfnissen und Forderungen.
Das Kind ist deshalb in vielen Mythen und Märchen das Symbol für etwas Neues, oft auch für eine neue Zeit oder einen neuen Abschnitt in der Geschichte. In der Geschichte der religiösen Traditionen beginnt mit dem neugeborenen, göttlichen Kind eine neue Heilszeit; etwas nie Gesehenes und nie Gehörtes kommt damit in die Welt.
Ganz ähnlich wünschen und erträumen sich Paare die Geburt ihres Kindes, jedenfalls in ihren Idealvorstellungen. Und tatsächlich bedeutet ein Kind für jedes Paar den stärksten und mit vielen Erwartungen verbundenen Einschnitt in ihrer Paargeschichte.

Meist ist schon der Kinderwunsch selbst bei vielen Paaren nicht nur mit positiven Gefühlen, sondern oft auch mit unbewußten Motiven verbunden. Sehr häufig ist die Hoffnung anzutreffen, daß mit einem Kind Konflikte oder auch eine drohende Trennung vermieden werden können. Ein Kind ist aber mit der unbewußten Erwartung, die Liebe des Paares noch einmal zu retten oder gar zu ersetzen, überfordert. Es wird später spüren, daß es nicht um seiner selbst willen, sondern für einen bestimmten Zweck gewünscht wurde.
Die unbewußten Motive für den Kinderwunsch können je nach Lebenssituation sehr unterschiedlich sein und wie im folgenden Beispiel das spätere Leben eines Paares und einer Familie sehr prägen.

Ein Paar hatte sich zunächst entschieden, keine Kinder zu bekommen, obwohl es sich die Eltern der Ehefrau sehr gewünscht hatten. Bald nach dieser Entscheidung stirbt der Vater der Frau; ihre Mutter leidet schwer an diesem Verlust und am Alleinsein. Immer wieder deutet sie ihrer Tochter gegenüber den Wunsch nach Enkeln an. Da wird die Tochter trotz Pille ungewollt schwanger. Unbewußt erfüllt sie damit den Wunsch ihrer Mutter. Ihr Mann ist zunächst wütend, stimmt dann aber der Fortsetzung der Schwangerschaft zu. Innerlich denkt er aber, daß das Kind die Sache seiner Frau sei. Er fühlt sich lange Zeit nicht als Vater und zieht sich nicht nur aus der elterlichen Verantwortung, sondern auch aus der Paarbeziehung zurück.

Dies ist auch ein Beispiel für die Differenzen, die der Kinderwunsch in einer Partnerschaft zwischen Mann und Frau hervorrufen kann. Oft zögern die Männer, weil sie eine Einschränkung ihrer Freiheiten befürchten; nicht selten geben sie dem Kinderwunsch der Partnerin nach, ohne daß sie die eigenen Bedenken ausgesprochen hatten, weil sie ihre Partnerin nicht enttäuschen wollen. Doch dann ist eine spätere Enttäuschung vorprogrammiert, weil sich der Vorbehalt des Mannes gegen das Kind irgendwann zeigen wird. Im unklaren oder widersprüchlichen Kinderwunsch eines Paares sind die späteren Konflikte oft schon angelegt. Sie brechen dann an den Belastungen und Anforderungen, die ein Kind mit sich bringt, auf. Auch Konflikte, die sich später an der Erziehung der Kinder entzünden, haben häufig ihre frühen Wurzeln in der Entstehungsgeschichte des Kinderwunsches und im unterschiedlich erlebten Verlauf der Schwangerschaft und Geburt des Kindes.
Deshalb ist es nötig, daß ein Paar sehr offen mit dem Kinderwunsch, aber auch mit den Bedenken und Zweifeln umgeht. Gerade die Einwände sollten von beiden ernstgenommen und auf ihre Hintergründe befragt werden. Erst dann können sich, wie im folgenden Beispiel deutlich wird, die Bedenken verändern und auflösen.

Ein Mann hatte die Argumente seiner Frau gegen seinen Kinderwunsch nie ganz verstanden. Erst als sie ihm erzählen konnte, wie schlimm ihre eigene Kindheit wegen des gewalttätigen Vaters war und daß sie das einem Kind ersparen wollte, konnte er sie besser verstehen und ihr zusichern, daß er ein liebevoller Vater sein wolle. In den Gesprächen wurde der Kinderwunsch bei diesem Paar zunehmend zu einer gemeinsamen Entscheidung, die von beiden getragen und verantwortet wurde. Nun war das Paar auch innerlich bereit, ein Kind zu empfangen.
Unstimmigkeiten oder Befürchtungen eines Paares sind häufig auch Hintergrund einer ungewollten Kinderlosigkeit. Ein Kind symbolisiert nicht nur die lustvolle Verbindung eines Paares, sondern fordert ein Paar in seiner Belastungsfähigkeit und Bindungskraft heraus. Ein Kind braucht deshalb auch die innere Bereitschaft des Paares, ihm einen Raum in der Paarbeziehung zu geben.

Das freudige Ereignis – eine Krise?

Die Schwangerschaft selbst ist heute ein geplantes und gesteuertes Vorhaben eines Paares. Sie gleicht einem medizinischen Ausnahmezustand, der von Vorsorgeuntersuchungen mit Ultraschall und pränataler Diagnostik bis hin zur Fruchtwasseruntersuchung geprägt, aber auch belastet ist. Für das Paar ist das eine Zeit innerer Spannungen, oft auch von offenen Fragen und Befürchtungen. Schon jetzt ist das kommende Kind präsent und zieht die Aufmerksamkeit und Achtsamkeit beider Partner von der Beziehung ab.

Die Chance dieser Entwicklung liegt darin, daß sich beide Partner, insbesondere auch der zukünftige Vater, sehr bewußt auf das Kind einstellen können. Beide müssen schon in der Schwangerschaft sehr bewußt Vorsorge treffen und Verantwortung übernehmen. So können auch Männer an der Schwangerschaft teilnehmen. Allerdings ersetzt diese technisch zum Beispiel über Ultraschall vermittelte Teilnahme des Partners nicht seine innere Teilnahme am Wachstum des Embryos. Obwohl viele Männer an Geburtsvorbereitungskursen teilnehmen und mit ihrer Partnerin zum Arzt gehen, bleibt ihnen natürlicherweise die unmittelbare Erfahrung des Wachstums im eigenen Körper verschlossen. Eigentlich – so der Anspruch aller Beteiligten – müßten sie jetzt schon das Vatersein einüben. Umso größer die Enttäuschung, wenn viele Partner bei der Geburt und den ersten Lebensmonaten ihres Kindes noch nicht Vater sind. Die Partnerin dagegen ist mit dem Kind von Anfang an sehr viel enger verbunden. Sie erlebt die enge körperliche und psychische Einheit mit dem Kind zunächst unmittelbar als Erfahrung des eigenen Körpers, dann aber auch mit der Geburt und dem Stillen. Die zukünftige Mutter kann deshalb

eine viel engere Beziehung zum Kind aufbauen, als es dem Vater trotz aller bewußten Bemühungen in der Regel gelingt.
Hier liegt der eigentliche Ausgangspunkt dafür, daß die Schwangerschaft, die Geburt oder die ersten Lebensmonate des Kindes für das Paar auch schwierige Zeiten sein können, die manchmal auch in eine Krise führen.

Ein Paar, das längere Zeit zusammenlebt, aber noch nicht verheiratet ist, wird von einer ungeplanten Schwangerschaft überrascht. Doch bald freuen sich beide auf das Kind. Sie stürzt sich in die Vorbereitungen, die er zwar zunächst mitmacht, aber bald spürt sie seine Zurückhaltung. Er ist nicht mehr so freudig dabei, wird ihr gegenüber spröde, manchmal sogar ablehnend. Als sie ihn zur Rede stellt, gesteht er ein, daß er das Gefühl habe, ihm sei die Schwangerschaft und das entstehende Kind sehr fremd. Er habe manchmal die auch ihm unverständliche Meinung, nicht der Vater des Kindes zu sein. Als sie weiter in ihn dringt, gesteht er ihr, daß er sich selbst immer wieder bei Trennungswünschen ertappt.
Sie ist natürlich niedergeschlagen und verzweifelt. Wie kann dieser Mann, der sie so intensiv geliebt und »vergötttert« hatte, sie gerade in der Zeit, in der sie ihn so dringend braucht, alleine lassen und verraten? Diese Geschichte ist uralt und neu zugleich. Schon Maria hatte mit ihrem Verlobten Josef ganz ähnliche

Schwierigkeiten. Weil er nicht der Vater des Kindes zu sein scheint, will er sich von Maria trennen. Als Vater des Kindes jedenfalls fühlt er sich nicht. Als er erfährt, daß seine Verlobte Maria schwanger ist, reagiert er so: »Josef aber, Marias Mann, war fromm und wollte sie nicht in Schande bringen, gedachte aber, sie heimlich zu verlassen« *(Matthäus 1,18).*

Mit Maria scheint etwas geschehen zu sein, das Josef ausschließt und das ihm völlig fremd ist. Als Schwangere scheint sie ihn nicht mehr zu brauchen. Oder ist das nicht nur sein willkommmenes Argument, sich zurückzuziehen, die Verantwortung für das Kind zurückzuweisen? Auch das scheint ein altes Muster von Männern zu sein, das sich bis heute durchzieht.

Manche Männer weichen den Veränderungen und Anforderungen während der Schwangerschaft und den ersten Monaten mit dem Kind aus, indem sie eine Außenbeziehung eingehen.

Eine junge Frau kommt bestürzt in die Beratung, weil sie entdeckt hatte, daß ihr Mann während der Schwangerschaft eine andere Frau kennengelernt hatte.

Sie empfindet dies als schwere Verletzung und als Verrat und kann erst nach mehreren Beratungsgesprächen ein wenig die Hintergründe der Paarkrise verstehen. Sie hatte sich ganz der Schwangerschaft und dem Säugling zugewandt. Ihre Nähe, die sie vorher mit ihrem Mann geteilt hatte, ließ sie nun ihrem Neugeborenen zukommen. Ihr Mann hatte die von beiden erwünschte Schwangerschaft schon vor deren Beginn unterschwellig als Bedrohung für seine Position in der Beziehung zu seiner Frau gefürchtet. Er fühlte sich dann auch tatsächlich aus der Mutter-Kind-Beziehung ausgeschlossen und von seiner Frau zurückgewiesen. Bei ihm wurden wie in der Verliebtheitsphase die alten Kindheitswünsche nach Fürsorge und Versorgung wach. Das Kind in ihm, das in seiner Kindheit unter der emotionalen Distanz beider Eltern gelitten hatte, meldet sich mit seinen Bedürfnissen wieder. In der Verliebtheitsphase hatte seine Frau diese alten Kindbedürfnisse auch stillen können. Nun mußte sie ihr Neugeborenes stillen und hatte wenig Energie für ihren Mann. Umgekehrt hatte dieser auch wenig getan, sich aktiv mit der Schwangerschaft auseinanderzusetzen und sich in die Situation seiner Frau einzufühlen.

Ein Teil der Männer zieht sich während der Schwangerschaft und der ersten Zeit nach der Geburt von der Partnerin zurück. Diese fühlt sich in der oft als labil erlebten Situation von ihrem Mann allein und im Stich gelassen. Sie wendet sich deshalb noch stärker dem Kind zu, womit sich dann die Männer wiederum noch mehr ausgeschlossen fühlen.
Viele andere Männer versuchen, ihre ungestillten Kindheitsbedürfnisse bei der Partnerin einzufordern und werden sozusagen zu einem weiteren Kind.

Hier beginnt ein häufiges Beziehungsmuster, das sich in der Familienphase fortsetzt: In der Partnerschaft wird der Mann zum Sohn seiner Frau, die Partnerin gerät häufig in eine mütterlich Rolle gegenüber ihrem Mann.
In der Schwangerschaft und Säuglingszeit erlebt die Partnerin die wieder aufbrechende Bedürftigkeit des Mannes als Überforderung statt der so dringend erwünschten Unterstützung.

Paare haben für Schwangerschaft und Geburt ihres Kindes hohe, oft überhöhte Erwartungen und Wünsche an ein harmonisches »Familienglück«. Dementsprechend groß werden dann die Enttäuschungen sein: Der Partner ist doch nicht der starke Vater und fürsorgliche Mann; die Partnerin nicht mehr die liebevolle und aufmerksame Frau für den Mann. Was sich vorher zwischen den Partnern an Nähe und Intimität eingespielt hatte und selbstverständlich war, scheint nun mit einem Male nicht mehr möglich und nur eine Täuschung gewesen zu sein. Das bisher ausbalancierte Verhältnis von Nähe und Distanz, von Ich und Du, von Ich und Wir, gerät mit einem Kind gründlich durcheinander. Damit die nötigen Veränderungen, die ein Kind mit sich bringt, gut bewältigt werden können, muß das Paar wichtige Beziehungsarbeit leisten und einige Beziehungsaufgaben lösen. Dann kann das so erwünschte Dritte zu einem Geschenk und zu einer Bereicherung für ein Paar werden.

Weil das Liebespaar zunächst nur aufeinander bezogen ist, gibt es nur eine Ebene ihrer Beziehung, die sogenannte Paarebene. Mit einem Kind tritt nun ein zweiter zentraler Beziehungsaspekt, die Elternebene hinzu. Das Paar ist nicht mehr nur Mann und Frau, die einander lieben, sondern auch Vater und Mutter, die nun ein Drittes lieben. Das Paar muß von der ausschließlichen Zweisamkeit und der Orientierung an den eigenen Bedürfnissen und denen eines Paares Abschied nehmen und die Liebe auf ein Drittes hin erweitern.

Das ist nicht selbstverständlich, vielmehr beginnt ein eigener Entwicklungsweg, auf den sich das Paar mit Beginn der Schwangerschaft machen muß. Auch Maria und Josef machen sich auf den Weg und suchen eine Herberge für sich und das zu erwartende Kind *(Lukas 2)*. Diese Herbergssuche ist ein schönes und treffendes Bild dafür, daß sich das Paar nun für die Familienwerdung einen gemeinsamen Raum suchen muß. Diese Suche ist bei Maria und Josef ziemlich schwierig, aber dabei findet sich das Paar allmählich in seine Elterrolle ein. Auch Paare unserer Zeit müssen eine richtigen Raum für sich als Eltern und für das Kind in einem Suchprozeß finden. Konkret sieht das so aus, daß die Partner idealerweise gemeinsam das Kinderzimmer einrichten, den Kinderwagen kaufen und Windeln und andere Utensilien

besorgen. Dabei kann das Paar schon vorab die gemeinsame Elternschaft erproben und sich innerlich bereits in die Elternrollen einfühlen.
Josef und Maria finden für die Geburt ihres Kindes aber kein festes Haus, sondern eine vorläufige Unterkunft in einem Schuppen oder Stall, »denn sie hatten sonst keinen Raum in der Herberge« *(Lukas 2,7)*. Mit der Geburt und den ersten Babytagen hat sich das Elternpaar noch lange nicht richtig gefunden. Alles ist ungewohnt, vieles ganz anders als erwartet und vorgestellt. Manches verunsichert die neuen Eltern. Sie sind – und der Stall ist Symbol hierfür – in ihrer Elternschaft noch nicht heimisch, weil sich alles noch provisorisch und vorläufig anfühlt.
Damit das Paar eine feste Bleibe in einer gesicherten Elternschaft findet, sich dann auch als Elternpaar versteht und auf der Elternebene gut kooperieren kann, müssen Mann und Frau nun auch unterschiedliche Aufgaben lösen.

Zunächst brauchen die meisten Männer Zeit, um eine innere Beziehung zum Kind und zu ihrem eigenen Vater-Sein zu entwickeln.
Josef erhält in einem Traum von einem Engel die Anweisung, väterliche Verantwortung zu übernehmen. Das zeigt, daß das Vaterwerden ein innerer Prozeß ist, den Männer erst bei sich zulassen und entdecken können. Wenn Männer damit aufmerksam und achtsam umgehen, entwickeln sich väterliche Gefühle

häufig wie selbstverständlich von innen heraus. Dieser Prozeß wird aber auch durch das Engagement im konkreten Tun gefördert. Je öfters Männer ihren Sohn oder ihre Tochter wickeln, ihn oder sie ins Bett bringen oder füttern, desto intensiver werden die väterliche Gefühle für dieses kleine Geschöpf.
Josef erhält im Traum die Aufforderung, das Kind und seine Frau Maria durch eine Flucht vor den Häschern des Herodes zu schützen: »Steh auf, nimm das Kind und seine Mutter mit dir und flieh nach Ägypten und bleib dort, bis ich dir's sage; denn Herodes hat vor, das Kind zu suchen, um es umzubringen« *(Matthäus 2, 13)*. Hier kann es für den noch jungen, vielleicht unsicheren Vater überhaupt kein Zögern geben: Es geht um das Überleben seines Kindes und damit steht Josef plötzlich ganz und gar in der Verantwortung als Vater, ob er dies will oder nicht. Zugleich verinnerlicht Josef über das konkrete Handeln in größter Gefahr die Rolle des Vaters. Er gibt seiner Frau und dem Kind den Schutz und den äußeren Rahmen, in dem sich die Familie in den ersten Wochen nach der Geburt entwickeln kann. Damit Männer aber nicht bei der äußeren Fürsorge stehenbleiben, können sie folgenden Satz für sich buchstabieren und fühlen lernen: »Ich bin der Vater dieses Kindes und der Mann der Mutter meines Kindes.«
Frauen fällt es meist leicht, den ersten Teil ihres Satzes »Ich bin Mutter dieses Kindes« zu sprechen, aber

der zweite Teil »und ich bin die Frau des Vaters meines Kindes« geht vielen schwerer über die Lippen. Frauen brauchen für sich die Zeit, den Platz für ihren Mann als Vater des Kindes freizugeben, damit er die Position als Vater auch wirklich übernehmen kann. Das ist für manche Frauen auch ein Verlust der intensiven, anfangs auch nötigen symbiotischen Nähe zum Kind. Frauen brauchen das sichere Wissen, daß ihr Mann als Vater fürsorglich und verantwortlich mit dem Neugeborenen umgehen wird. Dann können sie ihre Beziehung zum Kind für den Mann, der nun für das Kind zum nötigen Dritten wird, öffnen. Manchmal müssen Frauen allerdings auch die Verantwortung des Mannes einfordern, wenn dieser sich seiner Aufgabe entzieht.

Gelingt es beiden Partnern, sich selbst und den jeweils anderen als Vater und Mutter des Kindes wahrzunehmen und zu akzeptieren, kann sich die Elternebene festigen. Das Kind als das hinzukommende Dritte braucht die Partner als Elternpaar, das sich fürsorglich um es kümmert. Dies gelingt um so besser, je mehr es dem Paar gelingt, auf der Elternebene die Aufgaben und Pflichten gleichgewichtig zu verteilen und sich als Vater oder Mutter gegenseitig zu unterstützen.

Wieder ein Paar werden

So wichtig es für ein Paar ist, sich auf der Elternebene gemeinsam einzurichten, so groß ist die Gefahr, daß die Paarebene darunter leidet oder verlorengeht. Der gänzliche oder teilweise Verlust der Paarebene kann nicht nur eine akute Krise in der Zeit von Schwangerschaft und Geburt auslösen, sondern auch weitreichende Weichen für die Familienphase stellen, in der dann das Paar sich vorwiegend in den Elternpflichten erschöpft. Da es ganz normal ist, die Paarebene während Schwangerschaft und erster Säuglingszeit zunächst auch zurückzustellen, ist es umso wichtiger, daß das Paar sich danach wieder als Mann und Frau findet.

Eine Frau sagt von der ersten Zeit des Mutterseins: »Ich habe fast ein ganzes Jahr gestillt und war einfach besetzt. Mein Mann hatte da keinen Platz mehr. Oft war ich abends einfach völlig ausgepumpt. Und dann kam mein Mann und wollte auch noch was von mir. Das war mir dann zuviel.«

In den weiteren Schilderungen dieser Frau wurde deutlich, daß sie sich mit ihrem Kind bis tief ins Körperliche verbunden und sich in ihrem Frausein ausschließlich als Mutter gefühlt hatte. Es fiel ihr sehr schwer, diese körperlichen Muttererfahrungen auch einmal zur Seite zu stellen und sich als Frau mit erotischen oder sexuellen Wünschen zu erleben.

Die erotische Anziehung in der Paarbeziehung wird während der Kleinkindzeit oft überlagert und auch von der emotionalen Zuwendung zum Kind beiseite gedrängt. Das zeigt sich häufig darin, daß die Sexualität zwischen dem Paar nach der Geburt zum Erliegen kommt. Die durchwachten Nächte, die tägliche Anstrengungen und die kleinen und großen Sorgen, die ein Neugeborenes mit sich bringt, sind nicht gerade lustfördernd. Frauen können oft die Nähe ihres Partners nicht mehr zulassen, geschweige denn genießen. Nicht selten beginnen sexuelle Schwierigkeiten eines Paares mit der Geburt des ersten oder zweiten Kindes. Solchen Paaren gelingt es nicht mehr, sich wieder als Mann und Frau zu begehren. Manchmal freilich ist die Geburt des Kindes auch nur Auslöser für sexuelle Schwierigkeiten, die sich schon längere Zeit zwischen dem Paar angebahnt haben.

Häufig rivalisiert dann die Sexualität mit der »ungefährlichen« Zärtlichkeit zum Kind. Vielen Frauen genügt nun die intensive, nicht sexualisierte Nähe zum Kind; die Zärtlichkeit mit dem Partner erscheint dagegen nur als Vorspiel zu weitergehenden sexuellen Bedürfnissen des Partners, der nicht mehr als zärtlich, sondern nur noch fordernd erlebt wird. Umgekehrt erlebt der Partner seine Frau häufig nur noch mütterlich und dann auch abweisend.

Es ist nun gemeinsame Aufgabe des Paares, sich gegenseitig wieder als Mann und Frau zu sehen. Es könnte Männern auch wieder Spaß bereiten, ihre Frau neu zu umwerben, ihr Komplimente zu machen und ihr zu sagen, wie sie sie als Frau schätzen. Männer könnten sich dabei vorstellen, daß sie die Aufmerksamkeit ihrer Frau ganz neu wie damals beim ersten Kennenlernen gewinnen müssen. Daß dies behutsam, einfühlsam und zärtlich zu geschehen hat, müßte für Männer selbstverständlich sein. Hier kommen sogar wieder alte Formen der Höflichkeit, der Respektes und der männlichen Fürsorge für ihre Partnerin ins Spiel; sie könnten der Partnerin zeigen, daß sie als Frau »verehrt« wird. Vielleicht könnten Männer ihre sexuellen Wünsche auch eine Zeitlang zurückstellen und sich mehr auf die Sprache der Zärtlichkeit einlassen. Dies bedeutet auch eine Chance für die Männer, ihre Sexualität vielfältiger und zärtlicher werden zu lassen.

Wenn Männer ihre Frau entlasten und ihr Freiräume vom Kind ermöglichen, braucht sich ihre Partnerin nicht im Muttersein zu erschöpfen, sondern kann sich auch wieder auf sich selbst als Frau besinnen. Letzteres fällt vielen Frauen nicht leicht. Sie haben es schwer, ihre erotischen Seiten wieder zu entdecken und aus der Verschmelzung mit dem Kind wieder aufzutauchen und eigene, »nichtmütterliche« Interessen und Freundschaften zu pflegen. Vielleicht könnten sie sich daran erinnern, wie sie sich im Verliebtsein von ihrem Mann begehrt fühlten und was sie umgekehrt an ihrem Partner angezogen hatte.

Bei aller Schwierigkeit, die Paarebene wieder zu finden, ist die Zeit nach der Geburt eines Kindes auch eine große Chance, eine neue Sprache der Intimität zu entwickeln. Es geht darum, beides auf der Paarebene zu integrieren: die Erfahrungen von intensivster zärtlicher Nähe, die das Paar vielleicht zum erstenmal in der Begegnung mit dem Kind erfahren hat und die erwachsene Sexualität, die dem anderen Lust bereiten will. Das Paar kann die Sexualität mit Formen größter Zärtlichkeit bereichern und intensivieren; umgekehrt zeigt die Sexualität beiden, daß sie nicht nur Vater und Mutter, sondern weiterhin, nun aber durch die Elternschaft bereichert und gereifter, Mann und Frau sind.

Die gemeinsame Erfahrung von Schwangerschaft und Geburt verbindet ein Paar auf einer existentiellen Ebene. Die Entstehung von Leben, die ein Paar als Wunder an sich selbst erlebt, ist eine ungeheuer eindrückliche Erfahrung, die ein Paar sehr intensiv zusammenwachsen läßt. Das Paar ist nun Teil eines größeren Zusammenhangs. Es ist eingebunden in das Werden und Vergehen von Generationen, in die Rhythmen von Geborenwerden und Sterben. Das Paar selbst lebt im Kind ein Stück weiter und ist in ihm für alle sichtbar und untrennbar verbunden. Wenn ein Paar das für sich zulassen und empfinden kann, wird es die Zeit von Schwangerschaft und Geburt auch als eine religiöse, als »heilige« Erfahrung verstehen und achten können. Für Maria und Josef mit ihrem Kind – die heilige Familie per se – wird das exemplarisch erzählt. Dabei werden die Schwierigkeiten nicht verschwiegen, aber auch nicht die vielen kleinen und großen Wunder, die es beim Entstehen, Wachsen und bei der Geburt eines Kindes zu erleben gibt.

Wenn die Liebe nicht mehr weiter weiss – Blockaden der Liebe lösen

Stillstand

Weil unsere Liebe etwas sehr Lebendiges ist, will sie in Bewegung bleiben. Sie gleicht einem Fluß, der manchmal schneller, manchmal langsamer fließt. Sie lebt von einem ständigen Austausch zwischen den Partnern im Geben und Nehmen. Je größer der Austausch, umso stärker das Gefühl der Partner, daß es ihnen in der Paarbeziehung gut geht. Das Paar wird von diesem Fluß von Geben und Nehmen getragen. Es scheint alles leicht zu gehen und fast alles in der Partnerschaft zu gelingen. Die Partner haben dabei den Eindruck, daß sie mehr vom anderen und von der Partnerschaft erhalten, als sie investieren. Beide zahlen auf das gemeinsame Konto ihrer Partnerschaft ein, ohne zu fragen oder zu berechnen, was dabei wieder zurückkommt. Jeder gibt gerne etwas mehr, als er selbst vom anderen erwartet. Er tut dies freiwillig aus sich heraus, weil er den anderen liebt und ihm gerne etwas Gutes tun will. Wie aus einer überfließenden Quelle strömt den beiden Partner aus der Partnerschaft überreichlich die Zuneigung zu. Das ist ein Teil des Geheimnisses von glücklichen Paaren. Die

Liebe ist in diesem Überströmen etwas Leichtes und Heiteres.
Wenn alles gut läuft, nehmen Paare dies meist gar nicht bewußt wahr. Sie reden miteinander, Schwierigkeiten werden gemeinsam in Angriff genommen, Mißverständnisse geklärt, gemeinsame Pläne geschmiedet und alte Träume verwirklicht.
Jedoch gibt es auch Zeiten auf dem Entwicklungsweg der Liebe, in denen der Fluß der Liebe ins Stocken gerät. Die Partner haben das Gefühl, daß es zäh und anstrengend wird. Bald fühlen sich beide blockiert. Es »läuft« nicht mehr viel zwischen den beiden. Dabei gibt es oft keine offensichtlichen Konflikte, die das Paar angehen könnte. Oder das Paar versucht, einen schweren und dichten Teppich über mögliche Konflikte zu legen. Eine offene Auseinandersetzung, die die Partnerschaft in Bewegung hält, wird immer wieder vermieden. Aber das hat einen hohen Preis: Das Gespräch zwischen den Partnern reißt ab, Gefühle der Zuneigung versiegen oder können dem anderen nicht mehr mitgeteilt werden. Langeweile und Desinteresse schleichen sich ein und der Draht zwischen den Partnern scheint stillgelegt.
Andere Paare wiederum verstricken sich in unfruchtbare Streitereien und in gegenseitige Vorwürfe, die nicht weiterführen. Und bei einer dritten Gruppe von Paaren ziehen sich die Partner in ein vorwurfsvolles oder trotziges Schweigen zurück, das

sich wie lähmender Frost über die Partnerschaft legt. Selbst wenn ein Partner dieses Unbehagen erkennt und versucht, den anderen daraufhin anzusprechen, bewegt sich in der Partnerschaft nicht mehr viel. Oft stellt sich eher das Gegenteil ein: Will der eine Partner – meist sind es die Frauen – den anderen zum Reden bringen, zieht sich der andere nur noch weiter zurück. Versucht ein Partner, Lösungen zu formulieren, erlebt der andere das als Vorwurf oder Angriff, der nur das eigene Blockieren rechtfertigt.
Nicht immer ist die Blockade der Liebe so deutlich zu spüren wie eben beschrieben. Sehr häufig zeigt sich der Stillstand der Liebe eher indirekt in der Sexualität. Auch hier spielt sich dann nichts mehr ab.

Ein Paar, beide etwa vierzig Jahre alt, hatte sich schon seit längerem in kleinliche Auseinandersetzungen um seine häufige, beruflich bedingte Abwesenheit verstrickt. Die Partnerin spürte allmählich immer weniger das Bedürfnis, ihrem Mann auch sexuell nahe zu sein. Für ihn dagegen war die Sexualität der wichtigste und aus seiner Sicht gut funktionierende Teil der Partnerschaft. In der Sexualität konnte er sich nach dem beruflichen Streß entspannen und seiner Frau auf eine direkte Weise nahe sein. Für sie dagegen kamen seine sexuellen Annäherungen zu schnell und massiv; sie hatte das Gefühl, daß er immer gezielt auf den Geschlechtsverkehr zusteuerte, ohne ihr zu zeigen, wie wichtig sie und die Partnerschaft für ihn ist. Dabei fühlte sie sich von ihm auch benutzt und nicht als Gegenüber gesehen und angenommen. Das Reden und ein nur zärtliches Zusammensein wäre für sie viel wichtiger gewesen. Je länger der unbefriedigende Zustand in der Partnerschaft andauerte, desto mehr schwanden ihre Gefühle von Zuneigung. Weil sie sich das aber nicht zugestehen konnte, reagierte sie körperlich im Bereich der Sexualität. Ihr Körper sprach ihre Verweigerung aus, ohne daß sie sich dessen bewußt war. Ihre körperlichen Reaktionen zeigten auf symbolische Weise, daß das Fließen der Liebe zum Erliegen gekommen war. Er wiederum spürte ihre Abwehr und fühlte sich von ihr abgewiesen. Sie spürte ihrerseits den Druck, nun endlich wieder sexuell funktionieren zu müssen, was sie noch weiter blockierte. Das Paar verfing sich in einem Zirkel von zunehmendem Bedürfnis und unterschwelligem Druck auf seiner Seite und von zunehmender Abneigung und körperlichem Widerstand auf ihrer Seite.

Das Paar hatte durchaus versucht, die drohende Blockade in der Beziehung abzuwenden und aufzulösen. Doch das konnte nicht gelingen, weil das Paar die Blockade nicht als Problem auf der Beziehungsebene gesehen und verstanden hatte.

Lot und seine Familie sind gezwungen, ihre Heimatstadt zu verlassen. Die Bewohner der Stadt sind dem Unrecht verfallen und deshalb einer vernichtenden Strafe ausgeliefert. Lot und seine Familie aber sollen gerettet werden. Einer von zwei Engeln versichert Lot, daß die Rettung gelingen wird, wenn niemand der Fliehenden auf die untergehende Stadt zurückblickt: »Rette dein Leben und sieh nicht hinter dich, bleib auch nicht stehen in dieser ganzen Gegend« *(1. Mose 19,17)*. Die zwei Engel mahnen Lot zur Eile, weil bald ein Feuerregen über der Stadt niedergehen wird. Und noch im hastigen Fliehen dreht sich die Frau Lots um und erstarrt zur Salzsäule. Knapp und lakonisch heißt es: »Und Lots Weib sah hinter sich und ward zur Salzsäule« *(1. Mose 19,26)*. Lot und seine restliche Familie aber eilen rasch weiter.

Wir wissen nicht, was Lots Frau zu dem Blick zurück bewegt hat. Es wird nicht nur Neugierde, wie ihr immer wieder unterstellt wird, gewesen sein. Vielleicht war es auch der Schmerz und die Trauer darüber, daß sie und ihre Familie wegziehen mußten. Vielleicht war es auch das Mitgefühl mit den zur Vernichtung verdammten Bewohnern der Stadt.
Eines aber wissen wir: Sie will sich nicht der hastigen Eile, dem Vorwärtsdrängen unterwerfen. Ihr geht alles zu schnell. Wenigstens für einen Blick möchte sie

stehenbleiben und auf das bisherige gemeinsame Leben zurückblicken. Auch Lot hatte anfangs noch gezögert, aber dann drängt er vorwärts, den Blick nur nach vorne in die Zukunft gerichtet. Ihm kann es nicht schnell genug gehen. Das Alte hat er schon vergessen, es bedeutet ihm nichts mehr. Auf diesem Weg ins Morgen möchte er sich nicht aufhalten lassen, auch nicht von seiner Frau. Scheinbar ungerührt läßt er sie, die zur Salzsäuzle erstarrt ist, am Wegesrand stehen.

In dieser Geschichte von Lot und seiner Frau zeigt sich exemplarisch, was geschieht, wenn sich ein Paar unterschiedlich schnell entwickelt. Er steht für das Vorwärtsgehen, für eine schnellere Entwicklung; sie dagegen repräsentiert den Gegenpol dazu: Sie möchte verweilen und sich Zeit für ihr eigenes Entwicklungstempo lassen. Er ist rascher im Loslassen und braucht das Neue, sie braucht das Festhalten und das Zurückblicken. Während er sich schon wieder neue Lebensaufgaben, Betätigungsfelder und Freundeskreise sucht, hängt sie noch am Alten und Vertrauten.
Nun steht das Paar in der Gefahr, bei diesem gemeinsamen Beziehungsthema – *Vorwärtsgehen* und *Innehalten*, *Loslassen* und *Festhalten* – in eine Polarisierung zu geraten. Je mehr der Mann nach vorne drängt, umso mehr fühlt sie sich in ihrem Festhalten bedroht. Natürlich muß sie nun ihrerseits das Fest-

halten verstärken, hat sie doch das Gefühl, daß er das ihre nicht ernstnimmt und daß sie das ihre verlieren könnte. Er wiederum fühlt sich von ihr ständig zurückgehalten und gebremst.

Dieser sich meist unbemerkt einschleichende Prozeß der Polarisierung wird am Beispiel eines Paares deutlich, bei dem die Frau in Erbstreitigkeiten mit ihrer Familie verstrickt war. Im Streit mit ihrem Bruder ging es um ein Haus und um erhebliche Geldsummen. Anfangs betrachtete das Paar die Angelegenheit als gemeinsame Sache. Als sich die Auseinandersetzungen hinzogen und die Aussichten auf Erfolg sanken, bat der Mann sie, die juristischen Bemühungen einzustellen. Sie dagegen hatte in den Auseinandersetzungen viele Verletzungen erlebt und wollte ihr Recht mit allen Mitteln durchsetzen. Während er loslassen und sich vom Traum vom großen Geld verabschieden konnte, rieb sie sich in ihrem Kampf auf. Als er sie noch stärker drängte, das Erbproblem endlich zu lassen, fühlte sie sich von ihm verraten. Immer wieder warf sie ihm das erbittert vor. Wenn er schon nicht mehr mit ihr kämpfte, so mußte sie noch mehr, gewissermaßen für zwei kämpfen. Schließlich tat sie das auch für ihren Mann und sie beide. Er wiederum fühlte sich in seinen Wünschen, endlich einmal wieder unbeschwert etwas mit ihr zu unternehmen und zu erleben, blockiert. Bald gab er seine Bemühungen, sie abzulenken und für sich zu gewinnen auf und zog sich grollend von ihr zurück.

Solche Polarisierungen können sich auch in anderen Beziehungsthemen von Paaren bis zur Blockade einschleichen.

Bei dem folgenden Paar studiert er noch, während sie mit ihrer Berufstätigkeit in einer Bank für das Auskommen des Paares sorgt. Er ist häufig bei verschiedensten Veranstaltungen unterwegs und hat einen großen Bekanntenkreis. Sie hat den Eindruck, daß er die Partnerschaft nur ab und zu braucht, ansonsten seine eigenen Wege geht. Sie selbst wäre gerne öfters mit ihm alleine zusammen. Sie hat das Gefühl, daß sie ihn viel mehr braucht als er sie. Ohne ihn fühlt sie sich immer ein wenig verloren und überflüssig. Wenn sie ihre Wünsche äußert, entzieht er sich. Auch als sie versucht, ihn massiver und deutlicher mit ihren Wünschen zu konfrontieren, weicht er ihr aus. Er hat den Eindruck, daß sie ihm seine Freiheit nicht gönnt und ihn einengen möchte. Deshalb muß er seine Eigenständigkeit und seinen Freiraum betonen. Sie fühlt sich immer öfters von ihm im Stich gelassen. Eine unerfindliche Traurigkeit stellt sich bei ihr ein, die sich bis zu depressiven Stimmungen steigert. Er fühlt sich an ihrem Zustand mitschuldig und bleibt ihr zuliebe öfters zu Hause. Ihr tut es gut, daß er auf seine Freiheiten verzichtet und sich mehr ihr zuwendet. Doch auf Dauer entstehen bei ihm Groll und Ärger, weil er gezwungenermaßen das Eigene hintanstellt. Beide spüren, daß dieser unterschwellige Kampf ihre Liebe sehr belastet.

Dieses Paar ist in ein Polarisierung bei dem Beziehungsthema der *Bindung* und des *Zusammengehörens* geraten: Er betont seine Eigenständigkeit und Freiheit, während ihr es wichtig ist, daß die Partner sich gegenseitig brauchen und aufeinander angewiesen sind.
Ein anderes, bei vielen Paaren vorkommendes Beziehungsthema ist die *Verantwortung* für die Partnerschaft und die Familie. Hier leben viele Paare in einer typischen Polarisierung, in der die Frau zu viel Verantwortung für die Beziehung und die Familie trägt, während er sich der Verantwortung entzieht. Sie hat den Eindruck, wenn sie die Dinge nicht in die Hand nimmt, geschieht im Haus, in der Familie oder Partnerschaft gar nichts mehr. Er denkt, daß er es ihr sowieso nicht recht machen kann oder daß sie ihn auch von der Verantwortung fernhalten will.
Jedes Paar hat *sein* ganz besonderes Beziehungsthema, bei dem es zur Polarisierung neigt. Dieses Thema konstelliert sich, wie wir bereits gesehen haben, schon bei der Partnerwahl. Jeder bringt sein eigenes Thema aus seiner Kindheit mit. Die Themen der beiden Partner passen oft wie Schloß und Schlüssel zusammen und ergeben das für dieses Paar ganz typische Paarthema. Was vorher anziehend war, steht nun in der Gefahr, in eine Polarisierung zu geraten.
Bei dem zuletzt geschilderten Paar war sie im Verliebtsein fasziniert von seiner Weite und seiner Auf-

geschlossenheit gegenüber dem Leben. Nun aber erlebte sie genau das als bedrohliche Eigenständigkeit, in der er sie nicht zu brauchen scheint und sich zu weit von ihr entfernt. Er war damals von ihrer Verläßlichkeit angezogen. Es schmeichelte ihm wohl auch, daß sie ihn so bewunderte und ihm immer wieder versicherte, daß sie ohne ihn nicht leben könnte. Nun aber fühlt er sich von ihr festgehalten und eingeschnürt.

Ein weiteres Beziehungsthema, bei dem sich eine Polarisierung entwickeln kann, ist *Nähe* und *Intimität*. Auch hier finden wir eine für viele Paare typische Aufspaltung: Sie möchte sehr viel Nähe mit dem Partner, die sie übers Reden und über zärtliches Zusammensein leben will; er dagegen braucht mehr Luft in der Beziehung und betont den Abstand. Ihm reicht es aus, wenn sich das Paar ab und zu auf Nähe einläßt; zuviel Nähe macht ihm Angst. Nähe möchte er über die Sexualität herstellen und erleben; bei dem vielen Reden und Schmusen fühlt er eine Unruhe und Ungeduld, aus der heraus er das Zusammensein bald beendet, um sich dem Computer oder seiner Zeitung zuzuwenden.

Sexuelle Blockaden in einer Partnerschaft haben häufig diese Spaltung beim Thema Intimität und Nähe als Hintergrund. Blicken wir noch einmal auf das zu Beginn dieses Kapitels beschriebene Paar, so wird deutlich, daß auch die Sexualität des Paares selbst in Gegensätze aufgespalten ist: Ihre weibliche Sexualität ist nicht seine männliche Sexualtität. Für sie ist Sexualität Ausdruck der Nähe und Intimität und Zeichen der gegenseitigen emotionalen Übereinstimmung. Zuerst muß sie diese Übereinstimmung fühlen, dann kann sie sich als schöne Dreingabe auch auf die sexuell gelebte Nähe einlassen. Sexualität ist für sie erst Ergebnis und Folge von Nähe. Sie möchte sich in der Regel Zeit lassen, sich einstimmen mit behutsamer Zärtlichkeit, um dann den Geschlechtsverkehr als integrierten Teil der Nähe zu erleben.

Ganz anders ist es für ihn. Er braucht das Reden und die emotionale Nähe nicht, um seine sexuellen Wünsche zu leben. Er steuert zielgerichtet und oft zu rasch auf den Geschlechtsverkehr zu. Nähe ist für ihn zunächst körperliche Nähe, das andere kann dann vielleicht folgen. Er braucht Sexualität auch zur Entspannung und Bestätigung seiner Männlichkeit. Daß er seine Frau mag ist ihm selbstverständlich und braucht keiner besonderer Erwähnung oder zärtlicher Gesten.

Auch wenn das nach alten Vorurteilen klingt, zeigt sich doch bei vielen Paaren mit sexuellen Problemen diese Polarisierung. Es ist auch ein alarmierendes Zeichen dafür, daß es vielen Paaren nicht gelingt, ihre und seine, die weibliche und männliche Sexualität zu einer gemeinsamen und spannenden, weil auch spannungsgeladenen Sexualität zu integrieren.

Eine Polarisierung ist für Paare deshalb so problematisch, weil nun jeder Partner auf einen Pol festgelegt ist. Aus dieser Festlegung scheint es kein Entkommen zu geben. Jeder fühlt sich in seiner Rolle vom anderen bedroht und muß deshalb den Pol des anderen ablehnen oder bekämpfen. Das Ergebnis dieser Spaltung in zwei Pole könnte man zusammenfassen in dem Satz: »Deine Liebe ist nicht meine Liebe«, oder genauer gesagt: »Dein Verständnis von Liebe ist nicht mehr mein Verständnis von Liebe.« Damit blockieren sich die Partner gegenseitig mit ihrem Verständnis von Liebe oder noch schärfer ausgedrückt: Die Partner blockieren ihre Liebe mit der Liebe. Daß das nicht lange gutgehen kann, haben wir in der Geschichte von Lot und seiner Frau gesehen.

Polarisierungen lösen

Differenzierungen sind in einer Partnerschaft zunächst ganz normal, lebt doch eine Beziehung nicht nur von der Einheit, sondern auch von der Dualität, also von der Eigenständigkeit zweier einzelner Personen. Damit eine Partnerschaft lebendig bleibt, ist es geradezu nötig, daß die beiden Partner in der Beziehung das Eigene entwickeln und pflegen. Damit aber die Dualität die Beziehung nicht sprengt oder in eine Blockade treibt, müssen Partner lernen, konstruktiv mit unterschiedlichen Strebungen und

Entwicklungstempi umzugehen. Viele Paare wissen nicht, daß dies ein wichtige Beziehungsaufgabe ist. Wir sind von einem harmonischen Bild der Paarentwicklung geprägt: Das Paar geht gemeinsam, Hand in Hand in die gleiche Richtung. Paare bemerken deshalb häufig zunächst gar nicht, daß der Partner nicht mehr neben dem anderen hergeht, sondern daß er schon eine andere Richtung eingeschlagen hat. Auch das wäre noch keine Katastrophe, wenn das Paar damit offen umgehen würde, um das Gemeinsame über und in den Gegensätzen zu finden.

Paare, die sich in ihren Gegensätzen schon längere Zeit oder sehr massiv polarisiert haben, brauchen allerdings in der Regel Hilfe von außen, um aus ihrer Blockade auszusteigen und wieder aufeinander zuzugehen. Unabhängig davon, ob sie eine schon vorhandene Polarisierung auflösen oder deren Entstehen erst verhindern wollen, bleibt die Beziehungsaufgabe im wesentlichen dieselbe, nämlich in den Gegensätzen den Kontakt zu einander zu halten.

Dazu ist in erster Linie das Gespräch zwischen den Partnern nötig. Dabei sollten Paare vor allem über sich, über die Partnerschaft und ihre gemeinsamen, aber auch differierenden Empfindungen und Gefühle reden. Der wichtigste Gegenstand eines intensiven Paargesprächs ist das Paar selbst. Das Paar sollte dabei verstehen, was die wesentlichen, sich häufig wiederholenden Beziehungsthemen sind. Geht es bei einem Paar mehr um das Thema Nähe und Distanz, oder um Eigenständigkeit und Sich-gegenseitig-Brauchen, um Verantwortung oder um ganz andere Themen? Und wer nimmt in der Partnerschaft den einen, wer den entgegengesetzten Pol ein? Wie geht es mir mit meinem eigenen Pol und meinen eigenen Bedürfnissen in der Partnerschaft? Komme ich mit ihnen vor, werden sie vom anderen wahrgenommen? Und wie geht es mir mit dem entgegengesetzten Pol, den der andere vertritt? Kann ich ihn gelten lassen oder fühle ich mich von ihm bedroht?

Das sind ganz konkrete Fragen, mit denen Partner im Gespräch in eine Beziehung zueinander kommen. Auch wenn das Paar keine eindeutigen Antworten findet, sind schon das Gespräch und die gemeinsame Beschäftigung mit diesen Fragen als solche wichtig. Paare werden entdecken, daß sie sich dadurch näherkommen und sich besser in den entgegengesetzten Pol des anderen einfühlen können. Es darf auch in diesen Gesprächen gar nicht darum gehen, wer von den beiden recht hat und welcher Pol der bessere und richtige für die Partnerschaft ist. Diese Frage, um die viele Paare natürlich streiten, führt geradezu direkt in die Sackgasse einer Polarisierung. In diesen Gesprächen könnten Partner auch entdecken, daß beide Pole für die Beziehung wichtig sind. Sie könnten sich auch einmal Bilder für das einfallen lassen, was ihnen in ihrer Partnerschaft wichtig ist oder –

wenn sie schon in Pole gespalten ist – ursprünglich wichtig war. Diese Bilder geben Auskunft darüber, welchen Pol jeder Partner für sich reklamiert oder schon besetzt hat. Bilder haben den Vorteil, daß sie mehrdeutig und nicht richtig oder falsch sind. Für den einen ist die eigene Partnerschaft wie ein Haus oder ein Garten, für den anderen wie ein Weg oder eine gemeinsame Reise; für den einen gleicht sie einem verschlungenen Pfad, für den anderen einer geraden Autobahn; bei einem dritten Paar ist das Leben in der Partnerschaft für den einen wie ein Wurzelschlagen, für den anderen wie ein Flügelschlagen; bei einem vierten Paar ist für den einen die Beziehung wie eine aus zwei Hälften zusammengesetzte Kugel, für den anderen Pyramide und Würfel, die sich gegenüberstehen. Bei einem letzten Paar ist die Paarbeziehung für den einen wie ein Stück fruchtbarer Mutterboden, für den anderen ist sie wie eine lebendige Quelle.

Paare könnten sich nun überlegen, was das Wertvolle am Bild des jeweils anderen ist. Welche lebenswichtigen, emotionalen Qualitäten hat ein Haus, ein Straße oder ein Pfad? Was verbindet die beiden Bilder? Wie braucht das Bild des einen das Bild des anderen? Der fruchtbare Mutterboden ist nur fruchtbar, wenn ihn eine Quelle wässert; ein Haus bleibt nur wohnlich, wenn es über eine Straße Verbindung zu anderen hat. Die Partner können nicht nur Verständnis für den

Pol des anderen entwickeln, sondern auch sehen, welchen Sinn er für die Partnerschaft und ihn selbst hat. Dies macht auch deshalb Sinn, weil der jeweils andere Pol es war, der ihn am anderen fasziniert und angezogen hat. Und er hat den jeweiligen Partner deshalb angezogen, weil er diese besonderen Fähigkeiten und Qualitäten des anderen nicht selbst hatte.

Paare können aber noch einen weiteren Schritt tun. In dem abgelehnten und bekämpften Pol des einen steckt das, was der andere Partner braucht. Der Pol des einen kann ein Spiegel werden für das, was der andere noch für sich und in sich entwickeln kann.
Der gegensätzliche Pol ist also nicht nur ein Ärgernis und eine Bedrohung, sondern auch eine Herausforderung, etwas Neues, bisher in sich Vermißtes zu entdecken und wachsen zu lassen. Auch darin besteht der Sinn einer Partnerschaft: Die Partner stoßen sich gegenseitig zur persönlichen Entwicklung und Reifung an – und auch das ist ein Stück des Geheimnisses von glücklichen Paaren.
Die Beziehung kann sich dann entspannen. Wenn der eine bereit ist, den bisher abgelehnten Pol des anderen bei sich selbst zu entwickeln, ist der andere entlastet. Er braucht seine Position nicht mehr so heftig zu behaupten, weil er sieht, daß der andere etwas von ihm übernimmt und damit diese Seite auch wertschätzt. Wenn bei dem in Erbstreitigkeiten entzweiten Paar er ihren verzweifelten Kampf verste-

hen und ihr zugestehen könnte, könnte sie vielleicht eher loslassen. Wenn sie umgekehrt auch seine Wünsche nach unbeschwerter Partnerschaft akzeptieren könnte, bräuchte er ihren Kampf nicht abzuwerten. Wenn bei dem Paar mit der sexuellen Problematik er behutsame Zärtlichkeit lernte, könnte sie sich mehr auf seine Bedürfnisse einlassen. Und umgekehrt, wenn sie aktiver in der Sexualität auf ihn einginge, könnte er sich in ihre zärtliche Form von Sexualität hineinnehmen lassen.

Wie hätte die Geschichte von Lot und seiner Frau auch ausgehen können?
Beispielsweise so: Er lernt von ihr, innezuhalten und sich mit dem Abschied Zeit zu nehmen, und sie von ihm, loszulassen und weiterzugehen. Sie gestalten so gemeinsam Abschied und Neubeginn. Er unterstützt sie, bewußt Abschied zu nehmen, indem sie zum Beispiel wie in einem Ritual noch einmal gemeinsam durch die Räume des Hauses gehen, um sich gemeinsam von jedem Raum mit den darin erlebten Erfahrungen zu verabschieden; sie begleitet ihn in seinem Wunsch nach dem Neuen, indem sie ihn nach seinen Hoffnungen und Träumen von der neuen Heimat fragt. Dann muß sie nicht zur Salzsäule – Symbol für die Blockade in dieser Partnerschaft – erstarren und er muß seinerseits nicht unglücklich das Ende seiner Tage fristen.
Es ist doch gerade der Sinn einer Partnerschaft, ge-

meinsam eine schwierige Lebenssituation und eine schwierige Klippe auf dem Entwicklungsweg der Liebe zu bewältigen. Dazu aber brauchen Paare immer die Fähigkeiten, Stärken und Ressourcen von beiden, die sich zwar auch in entgegengesetzter, manchmal widerstreitender Ausprägung zeigen können, die aber dann fruchtbar werden, wenn sie in der Paarbeziehung als sich ergänzende Aspekte eines gemeinsamen Themas und einer gemeinsamen Aufgabe zusammenwirken.

Die Liebe im Alltag – Nur noch eine alltägliche Liebe?

Ein Paar im Familienstreß

In dem riesigen, aber für so viele Bewohner doch engen Holzkasten der Arche Noah muß es chaotisch zugegangen sein. Es wimmelte nur so von Tieren. Wohin man auch blickte: überall Tiere, immer paarweise. Welch ein Gekreisch, welch ein Brüllen, welch höllischer Lärm. Und das den ganzen langen Tag. Hier mußten Tiere gefüttert, dort raufende und ineinander verbissene Raubtiere getrennt, dort ein verletztes Tier verarztet werden. Aber auch nachts wird es keine Ruhe gegeben haben. Hier war ein krankes Tier zu versorgen, dort war ein anderes Tier unruhig, in einer anderen Ecke wurden gerade Jungtiere geboren.

Und dazwischen ein Paar, nämlich Noah und seine Frau *(1. Mose 7 und 8)*, beide vor der Sintflut mit diesen Tieren auf den riesigen Holzkahn geflohen: »Und Noah ging in die Arche mit seinen Söhnen, seiner Frau und den Frauen seiner Söhne vor den Wassern der Sintflut. Von den reinen Tieren und von den unreinen, von den Vögeln und von allem Gewürm auf Erden gingen sie zu ihm in die Arche paarweise, je ein Männchen und Weibchen, wie ihm Gott geboten hatte. Und als die sieben Tage vergangen waren, kamen die Wasser der Sintflut auf Erden« *(1. Mose 7,7-10)*.

Und so wurde Noah zum Steuermann, zum Handwerker und Hausmeister der Arche, seine Frau zur Versorgerin, zur Übermutter und guten Freundin von Abertausenden von Tieren.

Beide arbeiteten rund um die Uhr. Wann haben sie sich eigentlich zum letztenmal gesehen? Was lief zwischen den beiden noch? Hatten sie die Muße, miteinander zu reden über das, was mit ihnen geschehen war? Hatten sie einen eigenen Raum in der überfüllten Arche? Hatten sie noch Zeit und Lust, miteinander zu schlafen? Vermutlich kaum, wurden sie doch ständig gestört oder waren zur Liebe einfach zu erschöpft und ausgepumpt. Hat sich Noahs Frau beklagt, daß er so wenig zärtlich ist? Fühlte sich Noah sexuell zu kurz gekommen? Haben die beiden sich gestritten, wie mit den einzelnen Tierarten umzugehen ist, wie sie auf der engen Arche zu halten und zu pflegen sind? Waren beide nicht am Rande ihrer Kräfte und hätten am liebsten alles hingeworfen? Hatten sie nicht viele Sorgen, Sorgen um einzelne Tiere, aber auch die bangevolle Sorge, ob das alles gutgehen würde?

All das wissen wir nicht. Aber wir können uns die Stimmung zwischen den beiden gut ausmalen. Noah und seine Frau sitzen im wahrsten Sinne des Wortes in einem Boot, festgebunden, ausgelaugt und vom alltäglichen Familienkleinkrieg mit ihren Nerven am Ende. So könnte man die biblische Geschichte heute verstehen.

Paare mit Kindern in unserer Zeit fühlen sich jedenfalls sehr häufig so. Die Kinder mit ihren Forderungen und Wünschen, die alltäglichen Konflikte, die vielfältigen Verpflichtungen von Kinderarzt- bis Elternabendbesuch, die mühselige und oft vergebliche Hausarbeit, der Kampf gegen die Unordnung in Haus oder Wohnung – in all dem drohen Paare von heute wie in einer Sintflut zu ertrinken. Wie können Paare in diesen Fluten von Alltäglichkeiten ihre Liebe über Wasser halten und retten?

Noah und seine Frau haben die Sintflut überstanden. Sie gehen gerettet von Bord der Arche. Der Regenbogen nach der Sintflut leuchtet auch über ihnen. Er ist das Bild der Versöhnung und Zuneigung. Die Liebe zwischen den beiden ist also noch lebendig, auch nach den harten Tagen auf der Arche. Sie können als Paar noch einmal neu anfangen. Weder die Tiere noch ihre drei Söhne brauchen sie mehr. Die Söhne sind erwachsen, die Tiere sorgen fortan für sich selbst. Noah und seine Frau können ein gesegnetes Leben zu zweit führen.

Wie aber haben sie die Zeit auf der Arche überlebt? Leider bekommen wir von Noah und seiner Frau keine Rezepte geliefert. Aber beide sind auch ein Zeichen dafür, daß Paare ihre Liebe über die Familienphase hinaus bewahren können. Diese Geschichte von Noah und seiner Frau ist auch eine Verheißung, daß am Ende der Familienphase für ein Paar ein innerer Reichtum steht, den man nur mit gemeinsamen Kindern und den Erfahrungen mit und durch sie erleben kann. Heutige Paare haben in der Familienphase sehr viele, auch ganz neue Schwierigkeiten zu überwinden, aber werden sie schwieriger sein als auf diesem engen Holzkasten voller Getier?

Es ist gut, wenn sich Paare bewußt machen, daß die Familienphase für ihre Liebe eine lange und mit vielen Klippen und Hindernissen versehene Zeit ist. Die zentrale Gefahr besteht darin, daß die Liebe unterzugehen droht in den sintflutartig angestiegenen Anforderungen und Aufgaben, die ein Paar in dieser Zeit zu bewältigen hat.

Die Liebe ist in Gefahr zu versinken, wenn es dem Paar nicht gelingt, Inseln für seine Liebe inmitten der alltäglichen Streßsituationen zu schaffen. Eine weitere wesentliche Gefahr liegt darin, daß die Paarebene in der Elternebene versinkt und aufgeht. Das Paar ist dann nicht mehr Mann und Frau, zwischen denen es auch erotische Spannung und Anziehung gibt, sondern allein ein Elternteam, das nur noch aus Vater und Mutter besteht. Zwischen einem gestreßten Vater und einer erschöpften Mutter aber erlahmt die Anziehung und Liebe.

Anders als zu Zeiten Noahs haben wir heute unterschiedliche Familienmodelle, mit denen Paare versuchen, die zahlreichen Anforderungen mit den eigenen Wünschen nach Lebensglück zu vereinbaren. Für die Liebe eines Paares haben alle diese Modelle ihre Vorteile, aber auch ihre Schattenseiten. Es kann deshalb nicht darum gehen, diese unterschiedlichen Lebensweisen gegeneinander auszuspielen oder einzelne abzuwerten. Auch gibt es kein ideales Lebensmodell für Paare in der Familienphase. Vielmehr müssen Paare sich sehr bewußt für das eigene, für sie stimmige Lebensmodell entscheiden, um dann ebenso bewußt mit dessen Schattenseiten umzugehen.

Geteilte Rollen – eine gute Lösung?

Immer noch entscheiden sich viele Paare für die traditionelle Familienehe mit der typischen Rollenaufteilung, nicht zuletzt auch deshalb, weil die Berufstätigkeit des Mannes in der Regel besser entlohnt wird als die der Frau und weil es kaum Kindertagesstätten oder Ganztagesschulen gibt. So ist die Entscheidung für die klassische Familienehe häufig eher erzwungen als von den Paaren selbst gewählt.
In diesem Lebensmodell vieler Paare ist die Frau zuständig für die Erziehung der Kinder, den Haushalt und die Gestaltung des Familienlebens. Der Mann geht nach draußen in den Beruf, um für das Einkommen der Familie zu sorgen. Wir sprechen von einer Versorgungsgemeinschaft: sie sorgt für die emotio-

nale Seite der Familie, er für die materielle Basis. Die Chance dieses Modelles liegt darin, daß beide Partner klar abgegrenzte Aufgaben haben und es deshalb nicht zu ständigen Diskussionen und Reibungsverlusten zwischen den Partner kommen muß.
Die Schattenseiten dieser Rollenteilung sind aber heute deutlicher als je zuvor wie aus dem folgenden Beispiel ersichtlich wird.

Das Paar, beide Mitte vierzig, zwei Kinder im Alter von acht und zehn Jahren kommt in die Paartherapie, weil es sich immer wieder bei Kleinigkeiten sehr heftig bis hin zur Gewalttätigkeit streitet. In den Paargesprächen wird schnell folgender Hintergrund deutlich: Beide waren bis zur Geburt des ersten Kindes im gleichen Betrieb angesehene Ingenieure. In dieser Zeit war die gemeinsame Arbeit im Haushalt kein Problem, weil auch er sich gleichermaßen daran beteiligte.
Wie schon lange vereinbart, gab dann sie bei der Geburt des ersten Kindes ihre Arbeitsstelle auf. Obwohl sie sich sehr auf die Familie freute, spürte sie einen Schmerz beim Abschied von ihrer Berufstätigkeit. Weil sie sich diesen Verlust aber nicht zugestehen wollte und er auch bald von den Ereignissen der Schwangerschaft und Geburt überdeckt wurde, schob sie ihn von sich weg. Mit ihrem Mann wollte sie nicht darüber reden, weil sie ihm keine Schuldgefühle bereiten wollte.

Bis zur Geburt des nächsten Kindes lief alles sehr gut. Der Partner beteiligte sich am Haushalt und in der Kinderversorgung. Ab und zu erzählte er auch noch vom Betrieb und den Kollegen, die sie noch aus ihrer Zeit kannte. Allmählich aber wurden diese Erzählungen des Mannes seltener; im Betrieb hatte sich nach wenigen Jahr schon etliches verändert. Sie ahnte, daß sie nicht mehr zu dieser Welt gehörte. Auch diesen leisen Schmerz schob sie beiseite und konzentrierte sich auf ihre beiden Kinder. Er dagegen mußte sich stärker im Betrieb engagieren; immer häufiger fielen Überstunden und Dienstreisen an. Seine Mitarbeit zu Hause nahm unmerklich, aber stetig ab. Sie wiederum fühlte sich von ihm in der aufreibenden Erziehung alleine gelassen. Jedesmal wenn er wieder Überstunden machte, stieg in ihr ein Groll gegen ihn und seine Arbeit auf. Allmählich bedauerte sie, daß sie aus dem Beruf ganz ausgestiegen war, zugleich sah sie in dieser Phase keine Chance, in den Beruf zurückzukehren, nicht zuletzt auch deshalb, weil ihr Betrieb keine Teilzeitstelle in ihrer Position anbot. Sie hatte auch den Eindruck, daß die technische Entwicklung rasant an ihr und ihrem bisherigen Wissen vorbeilief. Ihr berufliches Selbstvertrauen schmolz in den wenigen Jahren der Familienphase scheinbar unaufhaltsam dahin.
Zunehmend fühlte sie sich in die typische Rolle als Mutter und Hausfau gedrängt und in ihr gefangengehalten. Dabei hatten beide es sich damals, als sie

sich kennenlernten, so ideal vorgestellt, wie sie Beruf und Familie vereinbaren wollten. Und nun waren sie plötzlich in denselben alten Rollen, die sie bei ihren Eltern so sehr abgelehnt hatten. Die Enttäuschung auf ihrer Seite war verständlicherweise sehr groß, so daß sie ihm immer wieder Vorhaltungen macht. Ihr nicht verarbeiteter Schmerz beim beruflichen Ausstieg brach bei jedem Streit um seine Überstunden auf. Er fühlte sich dadurch in seinen Bemühungen, beruflich erfolgreich und dennoch ein guter Vater zu sein, von ihr nicht ernstgenommen. Ihre Diskussionen um seine Beteiligung bei der Familienarbeit endeten in verletzenden Streitereien und Tätlichkeiten, von Zuneigung zwischen den beiden war kaum noch etwas zu spüren.

Wie an diesem Beispiel ersichtlich ist, kann die klassische Rollenteilung in der traditionellen Familienehe im Paar leicht zu einer Polarisierung führen.
In der Familie gerät die Frau häufig in eine überverantwortliche Position. Sie allein ist zuständig für die Erziehung der Kinder, den Haushalt, das gesellschaftliche Leben der Familie und für die Paarbeziehung. Sie ist also zuständig für die Beziehungsarbeit in der Familie, aber auch im Paar. Sie versucht, mit dem Partner zu reden, sie macht Vorschläge für gemeinsame Unternehmungen und sie muß die Konflikte ansprechen. Er zieht sich dagegen mehr und mehr aus der Partnerschaft und Familie zurück. Er

kommt dadurch in eine unterverantwortliche Position in der Familie und Partnerschaft. Er beteiligt sich zu wenig an familiären Entscheidungen, setzt den Kindern häufig zu wenig Grenzen und unterstützt seine Frau gegenüber den Kindern zu selten. Sie hat den Eindruck, daß ihr verantwortliches Zupacken nötig ist, sonst würde in der Familie alles schieflaufen oder gar nichts mehr gehen. Er hat das Gefühl, daß sie seine Mitwirkung nicht wirklich will oder wenn er dann tatsächlich etwas übernimmt, kann er ihr es doch nicht recht machen. Gibt sie einmal Verantwortung an ihn ab, hat sie den Eindruck, daß er die Dinge lustlos und nachlässig erledigt.
Sie bittet ihn zum Beispiel, die Hausaufgaben der Kinder zu kontrollieren. Doch wie sie fast schon erwartet hat, vergißt er es. Sie wirft ihm vor, daß er sich um gar nichts mehr in der Familie kümmere. Einige Tage später fordert sie ihn auf, seine herumliegenden Kleidungsstücke aufzuräumen. Als sie von einem nervenaufreibenden Kinderarztbesuch kommt, hat sich nichts getan. Sie hat den Eindruck, daß er sie mit seiner Verweigerung provozieren will. Dann bittet sie ihn, die Getränke für ihr Geburtstagsfest zu besorgen. Er vergißt, den Sekt einzukaufen. Sie sieht sich in ihrer Vorahnung, daß sie sich nicht auf ihn verlassen kann, nicht nur bestätigt, sondern sie fühlt sich von ihm auch vernachlässigt.
Auf der Beziehungsebene kommt sie ungewollt immer mehr in eine mütterliche Rolle. Er dagegen zieht

sich in die Rolle eines Jungen zurück, der sich zunächst die Versorgung gerne gefallen läßt. Sie hat damit ein weiteres Kind zu versorgen. Wenn sie seine Mitarbeit einfordert, wird aus dem verwöhnten nun ein trotzig, rebellischer Junge. Dieser entzieht sich, wie damals der eigenen Mutter, nun seiner Partnerin, indem er die Mitarbeit verweigert oder sabotiert. Das kann soweit gehen, daß er in eine Außenbeziehung ausweicht. Hier wird er nicht wie in der eigenen Familie und Partnerschaft ständig mit Forderungen konfrontiert, sondern kann sich wieder verwöhnen lassen.

In finanziellen, materiellen Angelegenheiten wie Fragen nach Versicherungen, Bausparverträgen und ähnlichem aber kehren sich die Rollen häufig um: Hier ist der Partner in einer väterlichen Position, sie dagegen die Tochter, die den Vater alle Dinge regeln läßt.

In vielen Familienehen sind die Partner wechselweise Vater und Tochter und zugleich Mutter und Sohn. Die Liebe verkümmert zur gegenseitigen Versorgung; die erotische und sexuelle Ebene zwischen erwachsener Frau und erwachsenem Mann verkümmert ebenfalls.

Die Partnerin wird mehr und mehr auf die enge Welt der Familie festgelegt, er dagegen hat die Welt draußen zu seinem »Revier«. Sie wird zunehmend von der Welt des Berufes und der Öffentlichkeit ausgeschlossen. Er ist häufig – durchaus mit seinem Zutun – von der Familie ausgeschlossen und fühlt sich oft wie ein fremder Gast am Familientisch. Das Ergebnis ist eine Polarisierung mit der Überschrift »Deine Welt ist nicht meine Welt«. Damit beginnt eine Entwicklung an deren Ende die beiden Partner den Kontakt zueinander verlieren. Noch mehr: jeder sieht in der Welt des anderen nur die Vorteile. Sie sieht seine Freiheiten, seine Anerkennung und seine berufliche Entwicklung, die er draußen genießt; sie sieht aber nicht mehr, daß im Beruf sehr viel gefordert wird und ein großer Leistungs- und Konkurrenzdruck besteht. Er sieht nur ihre Freiräume und Möglichkeiten, zu Hause zu sein und etwas mit den Kindern zu genießen. Er nimmt aber nicht den zermürbenden Erziehungsalltag und die Sisyphusarbeit im Haushalt wahr. Unausgesprochener Neid und Eifersucht auf die Welt des jeweils anderen belasten die Liebe des Paares.

Andererseits sind solche Gefühle in dieser Situation ganz normal und können ein Anstoß für das Paar sein, die Situation offen zu besprechen. Auch hier ist das Gespäch über die eigenen Gefühle das wichtigste Mittel, um die möglichen Polarisierungen in der Familienehe zu verhindern.

Wesentlicher Teil dieses Gespräches ist es, daß beide Partner sich für die Lebenswelt des anderen interessieren und daß sie sich gegenseitig an der eigenen Welt Anteil geben. Die Frage, die sich Partner immer wieder gegenseitig stellen können, heißt »Was hast du heute in deiner Welt erlebt? Was war heute gut, was war schwierig für dich?« Hier geht es nicht darum, dem anderen sofort Ratschläge zu erteilen. Sinn des Gespräches ist es, daß die Partner sich in die Wirklichkeit des anderen führen lassen und diese dann besser kennen.

Ein weiterer Schritt ist es, daß die beiden Parnter den anderen in dem würdigen, was jeder in seiner Welt für die Partnerschaft und die Familie tut. Es tut beiden gut, vom anderen zu hören, wie wichtig sein Beitrag für das Ganze des Zusammenlebens ist. Und das sollte eben auch ausgesprochen und benannt werden. Dazu gehört auch, daß die Opfer, die in der Familienphase vielleicht der eine mehr als der andere erbringen muß, benannt und gewürdigt werden.

Ein wesentlicher Beitrag gegen die Tendenzen zur Spaltung aber haben die Männer zu leisten. Wenn sie sich als Vater einbringen, entlasten sie ihre Frau als Mutter. Diese muß dann allerdings die Chance ergreifen, die überverantwortliche Mutterposition auch zu verlassen. Wenn er an einem Abend oder einem Wochenende die Versorgung der Kinder übernimmt, kann sie in dieser Zeit etwas für sich tun und erleben. Wenn Männer in der Partnerschaft sich ihres Mann-Seins bewußt werden und dann auch ihren Mann stehen, werden sie sich ihre Frau nicht von der Familie »stehlen« lassen, sondern auch etwas für ihre Frau und die Partnerschaft tun. Das kann sehr unterschiedlich aussehen: Das mag der berühmte Blumenstrauß oder ein Kompliment sein; das kann in der Planung eines Wochenendes ohne Kinder oder in einem gemeinsamen Theaterbesuch liegen. Der Phantasie von Männern ist keine Grenze gesetzt. Immer aber geht es darum, in der Partnerin nicht nur die Mutter der gemeinsamen Kinder, sondern die Frau, in die der Mann sich einmal nicht ohne Grund verliebt hat, zu sehen, zu umwerben und zu gewinnen.

Alle wollen alles – eine bessere Lösung?

Es liegt nun nahe, die Probleme der traditionellen Familienehe mit einem anderen Familienmodell zu umgehen, zumal die Idee der Ebenbürtigkeit und Gleichwertigkeit von Mann und Frau es nahelegt, daß beide Partner auch in der Familienphase berufstätig bleiben. Beide können nun – teilzeit- oder vollzeitbeschäftigt – das Eigene wie den Beruf und das Gemeinsame wie Familie und Kinder erleben. Die Chance dieses Lebensentwurfes für das Paar liegt tatsächlich in der Vielfalt und im Reichtum der Erfahrungen, die jeder Partner nicht nur in der Familie, sondern im eigenen beruflichen Lebensbereich erfährt. Die eigene Identität ist besonders für Frauen nicht mehr allein auf die Kinder und den Partner angewiesen. Dadurch erhalten die Kinder in ihrer Entwicklung mehr Freiräume und müssen schon früh eine große Selbständigkeit entwickeln. Auch in der Paarbeziehung selbst wird die Partnerin vom Mann als ebenbürtig erlebt. Die Gleichwertigkeit aber ist ein wichtiger Aspekt dafür, daß die Liebe zwischen Mann und Frau lebendig und spannend bleibt.

Doch daß im Alltag nicht immer alles so glatt läuft, wie es die Idee dieses Familienentwurfs vorsieht, zeigt das Beispiel eines Paares, beide etwa Mitte dreißig, mit zwei Kindern im Alter von vier und fünf Jahren. Sie ist halbtags als Rechtsanwaltsgehilfin in einer Kanzlei angestellt; er ist in der Versicherungsbranche im Außendienst tätig. Da er vorwiegend abends auf Kundenbesuche geht, sie meist morgens arbeitet, können sie die Kindererziehung ohne Hilfe von außen bewältigen. Beide genießen die Vielfalt ihres Lebens, die unterschiedlichen Berufserfahrungen bringen auch immer wieder neuen Gesprächsstoff. Beide sind in den ihnen zugeteilten Zeiten gerne mit den Kindern zusammen. Die Partner halten sich an die Absprachen, die Aufgaben im Haushalt sind gut und fast gleichgewichtig verteilt. Nur manchmal macht sich ein wenig Überdruß bei ihm bemerkbar, weil alles perfekt geplant und organisiert werden muß. Raum für spontane Unternehmungen des Paares bleibt nicht. Schwierig wird es vor allem bei unvorgesehenen Ereignissen, wie der Krankheit der Kinder. Dann kommt es zu Diskussionen, wer von den beiden ein paar Tage freinehmen muß.

Sie leidet immer wieder unter der Hektik und daran, daß sie als Ehepaar füreinander wenig Zeit haben; an manchen Tagen sieht sich das Paar nur in den wenigen Minuten der »Kinderübergabe«. Beide haben den Eindruck, daß ihnen trotz der Fülle etwas fehlt, ohne dies genauer benennen zu können.
Da eröffnet sich ihm beruflich eine große Chance. Ihm wird eine Bezirksleitung in seiner Versicherungsfirma angeboten. Sie hat aber massive Bedenken gegen diese neue Aufgabe. Sie befürchtet, daß das fein ausbalancierte Arrangement der Kinderbetreuung und Hausarbeit zusammenbricht und sie noch mehr unter Druck kommt oder ihre Berufstätigkeit gar gänzlich aufgeben müßte. Er sucht ihre Einwände zu zerstreuen; der neue Job würde kaum mehr Arbeitszeit erfordern. Schließlich stimmt sie gegen ihre eigenen Gefühle zu.
Doch es kommt, wie sie befürchtet hatte. Zunächst begründet er sein häufige Abwesenheit, die sich oft auch über ein Wochenende hinweg erstreckt, mit der Einarbeitungszeit, dann scheint er sich damit abzufinden und hofft im Stillen, daß auch seine Frau damit einverstanden ist. Die Erziehung der Kinder und die Hausarbeit bleiben mehr und mehr an ihr hängen. Sie muß entgegen der ursprünglich gemeinsamen Vereinbarung eine Frau zur Kinderbetreuung anstellen und ihre eigenen Arbeitszeiten reduzieren. Ihre Enttäuschung über diese Entwicklung läßt es nicht zu, daß sie aktiv auf ihren Mann zugeht, um

über die Veränderungen miteinander zu sprechen. Sie fühlt sich von ihrem Mann durch seine Entscheidung hintergangen und mit der Erziehung der Kinder alleingelassen. Ihr Groll schlägt sich in Trennungswünschen nieder. Er ist darüber entsetzt, war er doch der Meinung, daß sie seiner Entscheidung zugestimmt hatte. Eine Rückkehr in den normalen Außendienst kommt für ihn nicht mehr in Frage, zugleich will er aber auch seine Ehe nicht gefährden. Das Paar steckt augenscheinlich in einer Sackgasse.

Eine von vielen Paaren unterschätzte Schattenseite dieses Familienmodells liegt darin, daß zwei berufliche Karrieren mit ihren jeweils besonderen Belastungen und Anforderungen integriert und dazuhin mit den Bedürfnissen der Kinder vereinbart werden müssen. Das erfordert nicht nur viele Diskussionen, sondern eine genaue Planung und einen hohen Organisationsgrad des Paares und der Familie. Das ganze Leben des Paares und damit die Liebe selbst wird einem strengen Management unterworfen, bei dem die Lebendigkeit und Leichtigkeit der Liebe verlorenzugehen droht.
Auf der Beziehungsebene steckt hinter den Diskussionen um die richtige Organisation häufig eine Rivalität der beiden Partner: Wessen Beruf und wessen berufliche Entwicklung ist wichtiger und hat im Zweifelsfall Vorrang? Die Gleichwertigkeit der Partner hat eine auf den ersten Blick überraschende

Schattenseite, eben die Konkurrenz zwischen den Partnern. Jeder muß befürchten, daß er in seinem beruflichen Engagement und in seiner Entwicklung zurückstecken muß. Abgesehen davon, daß das die Arbeitstelle häufig nicht zuläßt, wird der eigene Verzicht in dieser Rivalität oft als ungerechtes Opfer, manchmal auch als Niederlage empfunden. Meist setzen sich dann wie in der klassischen Familienehe auch wieder die traditionellen Rollen durch: sein Beruf und seine Karriere ist dann doch wichtiger, oft auch deshalb, weil seine Arbeit besser bezahlt ist. Und wieder geht das zur Lasten beruflichen Fortkommens der Frau: sie schränkt ihre Berufstätigkeit ein, verzichtet auf einen Weiterbildungskurs oder schlägt eine Karrieresprung aus. Wird das von ihr nicht als bewußter Verlust betrauert und von ihm nicht als Opfer gewürdigt, wird dies zu einem Sprengsatz für die Partnerschaft. Vielleicht hat er dann später umgekehrt die Chance, zugunsten der Partnerschaft und Familie einen Verzicht und ein Opfer zu leisten, damit auf längere Sicht das Gleichgewicht wieder hergestellt ist.

Die Einsicht, daß auch das Familienmodell, bei dem beide berufstätig sind, nicht ohne Verzicht zu realisieren ist, ist der erste, aber sehr nötige Schritt, die Chancen dieses Modells auch zu nutzen. Beide Partner müssen sich klarmachen, daß sie weniger Zeit für die Kinder und füreinander haben. Teilen und leben

Paare die verbleibende gemeinsame Zeit an Wochenenden oder im Urlaub beispielsweise sehr bewußt, können sie einen Ausgleich für ihre Doppelbelastung schaffen. Unterstützung von außen, seien es die eigenen Eltern oder eine bezahlte Hilfe für den Haushalt oder die Kinderbetreuung, kann die Zeit- und Spielräume des Paares erweitern.

Der Raum für Spontaneität, für Überraschungen, für Ungeplantes ist gerade für Paare mit zwei berufstätigen Partnern lebenswichtig. Das gemeinsame Leben besteht nicht nur aus Arbeit und Pflicht, sondern braucht überraschende Momente, in denen die Lust aneinander und am Leben sein darf. Wenn er ein Wochenende allein mit ihr plant, bucht und die Kinderbetreuung durch seine Eltern regelt, kann sie sich von ihren vielfältigen Verpflichtungen losreißen. Wenn sie die Kinder für eine Nacht bei Freunden unterbringt und einen gemeinsamen Abend vorbereitet, können sie beide ihren alltäglichen Streß vergessen.

Damit wird auch der Blick, mit dem wir den anderen sehen, verändert. Der andere ist mehr als nur ein guter Familienmanager oder ein zu bewunderndes »Arbeitstier«. Er ist der Mann oder die Frau, in den wir uns einmal voller Lust verliebt hatten. Und gerade die Lust darf in der Flut der Verpflichtungen nicht untergehen.

Um die Liebe kämpfen!

Zu welchem Familienmodell sich ein Paar auch entschieden hat, immer muß es um die Liebe kämpfen. Das Wort »kämpfen« ist hier sehr bewußt gewählt. Die Flut der Pflichten, der Anforderungen, aber auch der Bedürfnisse und Wünsche der Kinder steigen schnell ins Unermeßliche, wenn das Paar nicht bereit ist, dies gemeinsam zu begrenzen.

Das Paar muß sich immer wieder bewußt machen, daß die Paarebene, in der sich die Partner als Mann und Frau begegnen, etwas sehr Wertvolles und Schützenswertes ist, nicht nur der Paarbeziehung, sondern auch den Kindern zuliebe, denn alles andere, die Elternebene und die Familie hängen von dieser Ebene ab. Sie hat deshalb Vorrang vor den anderen Funktionen und Aufgaben in einer Familie. Zuerst kommt die Paarebene, weil sich zuerst das Paar findet und zunächst ohne Kinder zusammenlebt. Die Paarebene ist also das Fundament des ganzen Familienlebens, dann kommt die Elternebene und dann erst die Ebene der Kinder.

Vermischen sich die Ebenen oder löst sich die Paarebene in der Familie auf, tut das keinem gut, am wenigsten den Kindern. Verstehen sich die Eltern auf der Paarebene nicht mehr, werden Kinder häufig zu Ersatzpartnern, zu Schlichtern oder zu Briefträgern zwischen den Partnern. Kinder übernehmen dann Verantwortung für die Eltern. Sie tun alles, um eine mögliche Trennung der Eltern zu verhindern und überfordern sich dabei.

Aber auch auf der Elternebene müssen Eltern sehr klar ihre Rolle definieren und gegenüber der Kindern zeigen: Eltern sind Eltern und nicht Untergebene oder Versorgungspersonal der Kinder. Eltern sind verantwortlich für die Regeln und Grenzen in einer Familie. Natürlich ist es wichtig, mit den Kindern entsprechend ihrem Alter darüber zu reden, zu diskutieren oder zu streiten – und sicherlich auch einmal nachzugeben, aber die letztliche Verantwortung für das, was in der Familie geschieht, liegt bei den Eltern. Viele Eltern sind heute in diesem Sinne nicht mehr Eltern. Und so wird die Atmosphäre in der Familie angespannt, unerquicklich und konfliktreich, weil Kinder ihre Bedürfnisse dann rigoros einfordern und Grenzen herausfordern. Dieses Klima wirkt sich dann auch belastend auf die Paarebene aus, weil das Paar unter dem Druck ständiger Forderungen und Überforderungen durch die Kinder leidet.

Das Paar braucht Räume für sich, oder um im Bild zu sprechen, auch auf der überfüllten Arche brauchen Noah und seine Frau ein eigenes Zimmer, das sie abschließen können; es muß Zeiten geben, in denen die beiden nicht zu sprechen sind. Und es gibt Themen, die gehören nur und ausschließlich in die Paarebene. Finanzielle oder berufliche Fragen, Konflikte mit Verwandten und den eigenen Eltern, The-

men des Paares wie ihre Sexualität oder persönlichen Konflikte müssen zuallerst im Rahmen der Paarbeziehung besprochen, ausdiskutiert und entschieden werden.
Neben den vielen Pflichten in der Familienphase braucht das Paar Zeiten für sich, um ohne Kinder gemeinsam etwas Schönes zu erleben oder sich gegenseitig zu verwöhnen. Weil die Lust und Leidenschaft in der Sintflut der Pflichten am schnellsten untergehen, sollte ein Paar diese Seite besonders pflegen. Dazu braucht es mindestens einen Abend pro Monat, an dem man ohne Kinder ausgehen kann; es braucht pro Jahr mindestens ein Wochenende ohne Kinder. Ein Paar sollte immer wieder einsame Inseln ansteuern, auf denen es den Vorrat an Gemeinsamkeiten, an Intimität und Leidenschaft auftanken kann. Könnten solche einsamen Inseln nicht auch verlocken? Die Partner können sich auch darin abwechseln, den anderen auf solche Inseln zu entführen. In der Paartherapie bekommen die Paare häufig die Anregung, daß jeder der Partner für den anderen einen besonderen Verwöhnabend gestalten soll. Ziel dieses Abends ist es, dem anderen etwas Gutes zu tun, ihn und seine Bedürfnisse – die Bedürfnisse der Kinder stehen im Alltag meist schon im Vordergrund – ganz ernst und wichtig zu nehmen.
Die Familienphase mit ihren vielfältigen Anforderungen scheint vielen Paaren oft unendlich lange zu

dauern. Land scheint lange nicht in Sicht zu sein. Aber irgendwann – so zeigt uns die Geschichte von Noah und seiner Frau – sinken die Wasserfluten, Festland wird wieder sichtbar, und dann kann das Paar aus der beengten Arche aussteigen. Und daß das gelingen kann, dazu machen uns Noah und seine Frau Mut, denn auch über ihnen als Paar leuchtet der Regenbogen als Symbol der Zuneigung und Liebe auf. Und deshalb lohnt es sich auch, für die Liebe zu kämpfen – auf der Arche und mitten in der Sintflut, schließlich gibt es auch für das Paar ein Leben nach der Familie.

Krisen der Liebe – Schmerzliche Impulse zur Veränderung

Alles steht auf dem Spiel

Ein Ehepaar, beide Mitte vierzig, ohne Kinder, hatte sich schon längere Zeit in einem Alltag ohne besondere Höhepunkte eingerichtet. Beide waren berufstätig, und die meisten großen Wünsche waren erfüllt. Nur ihre weiten, meist mehrwöchigen Urlaubsreisen brachten etwas Lebendigkeit in die Partnerschaft. Die Partner fühlten sich nicht unwohl, aber die Beziehung plätscherte ein wenig lustlos und gelangweilt dahin. Massive Konflikte kamen kaum vor; es gab nichts, worüber man hätte leidenschaftlich streiten können. Auch die Sexualität hatte an Leidenschaft verloren und hatte sich bei den eher seltenen Sexualkontakten zu einem eingespielten Ritual entwickelt. Die Partner hatten das Gefühl, daß sie sich schon ewig kannten. Der andere war kein Geheimnis mehr, geschweige denn, daß er einmal als fremd und deshalb anziehend und aufregend erlebt wurde.

Als die Frau eines Tages so nebenbei andeutet, daß ihr ein Arbeitskollege gefallen könnte, ist er außer sich vor Wut. Noch war, so behauptet sie, überhaupt nichts zwischen ihr und dem anderen Mann geschehen. In dem heftigen Wortwechsel schlägt er sie plötzlich ins Gesicht. Sie ist wie erstarrt und weiß noch im gleichen Augenblick, daß in ihr etwas zerbrochen und abgestorben ist. Er ist über sich entsetzt; so etwas hätte er sich selbst am allerwenigsten zugetraut. Er entschuldigt sich viele Male, will alles wieder gutmachen und strengt sich in den folgenden Wochen an, sie wieder zu gewinnen. Sie aber besteht darauf, daß in der Beziehung etwas für sie Wichtiges zu Ende gegangen sei und sie sich eine Trennung überlege. Das löst bei ihm abgrundtiefe Angst und Panik aus, zumal er ihre Überlegungen und Gefühle überhaupt nicht verstehen kann, war doch bisher alles in bester Ordnung gewesen. Und nun will sie ihn wegen ihren unbestimmten Sehnsüchten und einem »Ausrutscher« seinerseits verlassen. Sie sieht für die Beziehung nur dann noch eine Chance, wenn sie beide das Bisherige radikal in Frage stellen und noch einmal ganz neu beginnen.

Dieses Paar hat etwas sehr Typisches erlebt. Wir alle neigen dazu, uns in der Partnerschaft einzurichten, liebgewonnene Gewohnheiten und vertraute Rituale zu konservieren. Das entspricht unserem Bedürfnis nach Geborgenheit und Verwurzelung in der Partnerschaft und ist als solches auch berechtigt.

Dabei erstarrt aber etwas in unserer Liebe. Sie gerät in einen zunächst unmerklichen Stillstand. Wie bei allem Lebendigen ist Stillstand schon ein beginnendes Absterben. Unsere Liebe dagegen will sich verändern und entwickeln. Das Neue aber macht immer auch Angst. Deshalb bleiben wir lieber bei unserer so gewohnten Weise des Liebens. Selbst die Blockade zum Beispiel im sexuellen Bereich scheinen viele Paaren leichter zu ertragen, als eine Veränderung ins Neue hinein zu wagen. Andere Paare wiederum, die sich ständig streiten, sind zwar intensiv mit sich beschäftigt, aber im Grunde vermeiden sie damit eine Entwicklung. Sie scheint gefährlicher zu sein als die unerquicklichen Streitereien.

Auch die ganz natürlichen Einschnitte in unserer Partnerschaft haben meist auch eine bedrohliche Seite. Das Ende des Verliebtseins, die Geburt des ersten Kindes oder später der Auszug der Kinder markieren solche Einschnitte, die eine bewährte Weise unseres Liebens beenden, zumindestens aber nachhaltig verändern werden.

Diese Übergänge zwischen den verschiedenen Phasen unserer Partnerschaft lassen sich aber nicht vermeiden und fordern uns heraus, uns in unserer Partnerschaft zu verändern. Die Liebe eines frisch verliebten Paares ist eine andere als die eines Paares mit einem neugeborenen Kind, und die Liebe eines Paares in der Lebensmitte wieder eine andere.

Die ganz natürlichen Einschnitte zeigen an, daß eine Veränderung unserer Liebe bevorsteht. Das aber verunsichert uns, weil wir befürchten, daß unsere

Liebe selbst gefährdet sein könnte oder in den Veränderungen zerbrechen wird. Häufig wollen wir dann die nötigen Veränderungen an den Übergängen zwischen den verschiedenen Phasen unser Partnerschaft umgehen oder vermeiden. Jede Phase einer Paarbeziehung gleicht einem Haus, das wir uns wohnlich und heimelig einrichten. Wir genießen zunächst auch, daß wir uns in diesem Haus sicher und geborgen fühlen. Wir übersehen dabei aber häufig den Zeitpunkt, an dem das Haus allmählich zu beengend wird und sich draußen so viel verändert hat, daß eine Entrümpelungsaktion oder ein Umbau nötig wäre. Die einen sind zu träge, die anderen fürchten den Verlust gemütlicher Zimmer bei einem nötigen Umbau des Hauses.

Paare, die sich in einem bequemen Stillstand der Langweile eingerichtet haben, sich in Blockierungen festgefahren haben oder die natürlichen Veränderungen vermeiden wollen, fordern aber – ganz gegen ihre eigene Absicht – Paarkrisen geradezu heraus. Das alte Haus der Partnerschaft wird zunehmend zu einer Fassade, hinter der es hohl und leer ist. Die Liebe kann in einem solchen Haus nicht mehr gedeihen. Aber immer wieder zögern wir den Auszug oder den Umbau hinaus, weil wir das scheinbar sichere Zuhause nicht verlassen wollen. Draußen scheint es außerdem viel kälter und unwirtlicher zu sein, als in dem in die Jahre gekommenen, manchmal schon baufälligen Gebäude. Deshalb müssen wir daraus regelrecht vertrieben werden, soll unsere Liebe nicht gänzlich ersticken und absterben. Diese Aufgabe übernehmen Partnerschaftskrisen. Sie sind wie kräftige Erdbeben, Stürme oder Gewitter, die das bisherige Haus ins Wanken oder zum Einstürzen bringen. Jetzt hat ein Paar nur die Wahl, im einstürzenden Haus begraben zu werden oder auszuziehen und sich nach einem neuen Haus umzuschauen. So verstanden sind Partnerschaftskrisen also kräftige Impulse für anstehende Veränderungen und nötige Aufbrüche. Akute Trennungsabsichten eines Partners, Gewalt in der Partnerschaft oder die Untreue eines Partners sind derart massive Erschütterungen, daß die Partner nun gezwungen sind, sich aktiv mit sich und ihrer Beziehung aueinanderzusetzen. Plötzlich steht alles auf dem Spiel, und es geht um das Ganze. Nun ist alles ist möglich, ein Neuanfang oder das Ende der Liebe.

Das zeigt sich auch in der alten – und doch immer wieder neuen – Geschichte von Batseba und David *(2. Samuel 11)*. Batseba ist die Frau des Hauptmannes Uria, der seit geraumer Zeit nur noch seinen Beruf kennt. Er hat nur den Erfolg im Kopf und vernachlässigt seine Frau, die sich schon lange ein Kind wünscht. Sie wünscht sich damit auch, daß etwas Neues in der Beziehung wächst, gerade zwischen ihr und ihrem Mann. Doch die Beziehung scheint in eine unfruchtbare Blockade und in einen erstarrten

Stillstand geraten zu sein. So wächst in Batseba die Sehnsucht nach zärtlicher Nähe und Anerkennung. Und so kommt es, wie es kommen muß. Als sie im Hinterhof ihres Hauses badet, wird sie von David, dem König auf dem Höhepunkt seiner Macht, von einer Dachterrasse aus beobachtet. Die Szene wird so geschildert: »An einem Spätnachmittag erhob sich David von der Mittagsruhe und ging auf dem flachen Dach des Königspalastes auf und ab. Da sah er im Hof des Nachbarhauses eine Frau, die gerade badete. Sie war sehr schön« *(2. Samuel 11,2)*. David ist so von ihrer Schönheit und Anmut überwältigt, daß er sie sofort zu sich kommen läßt. Im Grunde hatte Batseba in ihrer Unzufriedenheit mit ihrer Ehe auf so etwas schon gewartet. Sie wird von dem König als die außergewöhnliche Frau, die sie ist, gesehen, wahrgenommen und umworben. Der Glanz seiner Macht und der Glanz ihrer Schönheit finden sich, als gehörten sie schon immer zusammen. Sie vergißt ihren Mann, der weit entfernt seinen Militärdienst tut und schläft schon bei der ersten Begegnung mit David. Die Liebe zu ihrem Mann war wohl schon länger gestorben. Ihr Mann fällt dann an der Front – vom König absichtlich dorthin hinbeordert. Nun ist Batseba frei für David, von dem sie nach dem ersten Beischlaf schwanger ist.

Was hier mit einer unbefriedigenden Ehe begonnen hat, entwickelt sich zu einer dramatischen Krise, bei der es um Leben und Tod geht. Im übertragenen Sinne geht es auch bei heutigen Paarkrisen um Leben und Tod der Liebe. So schmerzlich das für die Partner ist, so nötig scheint oft eine derartige Zuspitzung, damit wieder Bewegung in die Beziehung kommt. Die Gefühle wie Entäuschung, Wut, Zorn, Eifersucht, die in einer Paarkrise unweigerlich aufbrechen, geben der Liebe mehr Chancen als die lieblose Leere oder die verfahrene Situation einer Blockade.

Wir wollen uns im folgenden mit der Untreue als einem besonders schmerzlichen Beispiel einer Paarkrise näher beschäftigen. Nicht zuletzt auch deshalb, weil Außenbeziehungen heute die häufigste Form einer Paarkrise darstellen.

Im Chaos der Gefühle

Auf welchen Wegen ein Partner die Untreue des anderen auch erfährt, zunächst geht für ihn eine Welt, nämlich die gemeinsame, bisher sicher scheinende Beziehungswelt unter. Das Entsetzen und der Schock lähmen zunächst alles, um dann bald einer alles überflutenden Panik und Angst Platz zu machen. Zugleich wütet ein unbändiger Schmerz in Körper und Seele und bahnt sich in einem Zusammenbruch oder im stundenlangen Weinen seinen Weg. In der ersten hilflosen Verzweiflung versucht der Verlassene den anderen unter Druck zu setzen, klammert sich an ihn oder macht ihm immer wieder neue Vorwürfe. So verständlich dies ist, liegt darin doch die geringste Chance, den anderen wieder zu gewinnen. Im Gegenteil, die Attacken treiben den anderen noch weiter aus der Partnerschaft. Wenn die Beziehung noch einmal eine Chance haben soll, dann nur, wenn der Untreue aus eigenem Wunsch und freier Entscheidung zurückkommt.

Dieser hat in der Außenbeziehung in der Regel das gesucht und nun auf den ersten Schein auch gefunden, was er in der eigenen Partnerschaft schon lange vermißt hat. Sein Schritt ist eine meist unbewußte Rebellion gegen die Enge oder Leere in der bisherigen Beziehung. Doch auch er hatte es nicht verstanden, sein Unbehagen in der Partnerschaft zu formulieren, für seine Wünsche zu kämpfen oder deshalb Konflikte zu risikieren. Eine Außenbeziehung ist deshalb immer auch eine Flucht aus der bisherigen Partnerschaft; bei Frauen häufig auch ein resigniertes Abwenden nach langen vergeblichen Bemühungen, in der Partnerschaft noch etwas zu verändern. Der Sog einer neuen Verliebtheit erleichtert es dann, zunächst meist heimlich, aus der Partnerschaft auszubrechen. Falls der Untreue sich nicht schon ganz für die neue und gegen die alte Beziehung entschieden hat, wird er sich in einer großen inneren Zerrissenheit befinden, besonders dann, wenn Kinder da sind. Dazu kommen Schuldgefühle gegenüber dem

Partner, der mehr oder weniger lange getäuscht und dadurch sehr gekränkt wurde.

Die Frage nach der Schuld ist in dieser Phase der Krise ebenso wenig hilfreich wie eine moralische Bewertung der Untreue. Es ist nachvollziehbar, daß der Betrogene in die Position des moralisch Besseren geht und dem anderen dessen Schritt zur Untreue als Schuld vorwirft. Meist wird sich der Beschuldigte wehren und dem Verlassenen eine Mitschuld an seiner Untreue zuweisen. Die gegenseitigen Schuldzuweisungen führen aber nur dazu, daß jeder seine Sicht der Dinge verteidigt und rechtfertigt.

Dann verfestigt sich eine unlösbare Polarisierung zwischen dem scheinbar Alleinschuldigen und dem nur Unschuldigen. Andererseits ist auch ein vorschnelles Schuldeingeständnis von einem der beiden Partner wenig hilfreich, weil das die Krise leugnen und nur vorläufig zudecken würde. Beide müssen begreifen, daß sie an der Entwicklung, die in die Krise geführt hat, beteiligt waren.

Nur wenn beide der schlimmen Situation jetzt standhalten und den Ernst der Lage begreifen, kann die Chance der Krise gesehen und ergriffen werden. Der Verlassene muß aushalten und zunächst akzeptieren, daß der andere untreu wurde, auch wenn dies sehr schmerzt. Der naheliegende Gedanke, der andere solle die Außenbeziehung einfach beenden, dann wäre alles wieder beim Alten, trägt nicht weit. Umgekehrt muß der Untreue die verletzten Gefühle, auch den Zorn und die Wut des anderen aushalten, hat er sie doch zumindestens ausgelöst. Beides – der Schritt in die Untreue, aber auch die verletzten Gefühle des anderen – müssen als Realität begriffen und ausgehalten werden.

Beide Partner müssen begreifen, daß die Krise die Paarbeziehung schon grundlegend verändert hat. Eine einfache Rückkehr in die so vertraute Partnerschaft ist nicht mehr möglich. Nur wenn beide bereit sind, neu zu beginnen, kann der Untreue ohne Gesichtsverlust zurückkehren und der Verlassene seine Würde und Achtung wieder entwickeln. Bildlich gesprochen hat die Krise wie das Erdbeben oder der Sturm das bisherige Haus zur Ruine gemacht, in die man nicht mehr einziehen kann. Das Paar muß die Ruine verlassen, um ein neues Haus auf neuen Fundamenten zu bauen.

Der erste Baustein dazu trägt die Krise selbst in sich. Viele Paare berichten überrascht, daß sie noch nie solange und so intensiv miteinander geredet haben als in der ersten Zeit der aufbrechenden Krise. Oft zum erstenmal sprechen die Partner ganz offen und ehrlich miteinander über ihre Gefühle, über sich selbst und über die Partnerschaft. Was im normalen Beziehungsalltag nicht gelingt, wird von der Krisensituation erzwungen. Der Untreue muß seine Motive benennen und erklären; der Verlassene muß seine gekränkten und verletzten Gefühle zeigen. So kommen sich viele Paare mitten im Sturm der Krise wieder nahe. Viele Paare wissen intuitiv, daß dieses stundenlange, nächtelange ehrliche Reden miteinander eine bisher nicht gekannte Nähe zwischen den Partnern bewirkt, aber sie wissen auch, daß dieses harte Ringen im Gespräch die einzige und zugleich beste Chance ist, die Krise konstruktiv zu bewältigen, wie immer das konkrete Ergebnis – Trennung oder Neuanfang – aussehen mag. Natürlich drehen sich solche Debatten oft im Kreise, und manche neue Verletzung und Kränkung kommen hinzu. Dennoch kann in diesen dichten Gesprächen der Grundstein zu einem neuen Beziehungshaus liegen.

Die Krise bewältigen

So wichtig die ersten intensiven Auseinandersetzungen sind, so sind sie doch nur ein Anfang. Das Paar braucht nun vor allem auch Zeit, das aufzuarbeiten, was sich schon seit längerem auseinander oder aneinander vorbei entwickelt hat.
Der Untreue braucht zunächst Zeit, eine Entscheidung im Blick auf seine Außenbeziehung zu fällen. Das Drängen des Verlassenen – so verständlich dies ist – verhindert aber häufig eine echte Entscheidung des Untreuen und eine auch innerlich vollzogene Trennung vom Geliebten oder der Geliebten. Der Verlassene kann seinen Wunsch nach einer baldigen Beendigung der Außenbeziehung äußern, muß aber,

so schwer es auch fällt, die Entscheidung ganz in die Verantwortung des Partners stellen.

Der Verlassene braucht nun seinerseits Zeit, seine Gefühle von Enttäuschung, von Kränkung und Verletzung zu verarbeiten. Die Trauer, aber auch die nötige Wut und der Zorn müssen zu allererst dem Partner gegenüber geäußert und damit nach außen gebracht werden. Dann aber brauchen diese schmerzliche Gefühle auch Raum im Verlassenen selbst. Sie sollten dann auch zum Impuls werden, sich in einer inneren Auseinandersetzung Fragen wie folgende zu stellen: Was hat mich so sehr verletzt? Was hat die schlimme Kränkung mit alten Verletzungen und Wunden aus meiner Biographie zu tun? Was bedeutet die Krise nicht nur für die Partnerschaft, sondern für mich selbst, für meine Entwicklung? Wie kann ich mir auch selbst etwas Gutes tun? Wie kann ich selbst mit meinen Verletzungen umgehen? So sehr eine Partnerschaftskrise zunächt die Paarbeziehung in Frage stellt, so sehr ist auch das eigene Lebenskonzept bedroht. Wie könnte ein Lebensentwurf ohne Partner aussehen?
Sieht jeder der beiden Partner für sich selbst klarer und hat damit auch schon ein wenig Abstand zur akuten Paarkrise gewonnen, kann das Paar versuchen, den Sinn der Krise zu verstehen. In vielen Fällen wird dazu eine Paartherapie nötig sein, mit deren

Hilfe und in deren Schutz die Partner sich nun der Aufarbeitung stellen können.
Das Paar muß gemeinsam zurückblicken auf den Weg in die Krise. Eine Paarkrise ist fast immer auch Ausdruck von ungelebtem Leben in der Partnerschaft. Dabei ist in der Regel nicht nur ein Partner an den Defiziten »schuldig«, sondern beide haben die Entwicklung in die Krise hinein zu verantworten. Verständlicherweise machen die Partner im ersten Blick den anderen für die Defizite verantwortlich, aber dieser erste Blick muß auf die gemeinsame Verantwortung hin erweitert werden.

Der Mann eines Paares, beide etwa Mitte dreißig und berufstätig, mit zwei Kindern, hatte nach einer Außenbeziehung mit einer jüngeren Kollegin zunächst nur sehen können, daß seine Frau in ihrem perfekten Familienmanagement allmählich ihm gegenüber abweisend und desinteressiert war. Sie wiederum sah die Defizite zunächst bei ihm darin, daß er sie mit den Kindern und dem Haushalt alleingelassen hatte und sie nur noch als Mutter der gemeinsamen Kinder sah.
Auf die Frage des Paartherapeuten, wie sie sich vor der Krise in der Beziehung erlebt hätten, antwortet er: »Ich konnte ihren Perfektionismus nicht mehr aushalten. Ich habe mich mehr und mehr rausgezogen und war dann geistig abwesend, so als hätte ich eine Tarnkappe aufgesetzt.« Sie beschrieb ihre Ge-

fühle in der Paarbeziehung so: »Ich war oft so von allem frustriert, daß ich mir eine dicke Haut zulegte. Am Schluß hatte ich über meinen ganzen Körper eine richtige Gipsschicht gelegt.«

Das Paar hatte allmählich den Kontakt zueinander verloren und unterschwellig jeweils die Defizite des anderen dafür verantwortlich gemacht. Jeder hatte sich dann einen Schutz – er seine Tarnkappe, sie ihre Gipsschicht – aufgebaut, um in der zunehmenden Kühle der Beziehung zu überleben. Es war dann nur eine Frage der Zeit, welcher Partner einen Ausbruch wagen würde. Als er sich dann Hals über Kopf in die Kollegin verliebte, erlebte er so intensive Gefühle wie schon lange nicht mehr. Natürlich wußte er auch, daß das auch Teil des Verliebtseins war, aber zugleich wurde ihm auch klar, was ihm in der Ehe gefehlt hatte. Und er war sich sicher, daß er so wie bisher mit seiner Frau und seinen Kindern nicht mehr weiterleben konnte und wollte.

Dieser schmerzliche Rückblick half dem Paar, gemeinsam Verantwortung für die Rückzugstendenzen zu übernehmen und sich einzugestehen, daß ihre Liebe im Grunde für beide schon lange auf einem Nullpunkt angekommen war. Diese Einsicht war aber nun nicht mehr beängstigend, sondern auch befreiend, weil sich Veränderungsmöglichkeiten eröffneten.

Bevor allerdings etwas Neues entsteht, muß das Paar das Alte gemeinsam verabschieden, sonst schleicht es sich bald wieder in die Paarbeziehung ein. Die alten Muster – zum Beispiel wie ein Paar miteinander geredet und gestritten hat oder wie es mit Wünschen und Bedürfnissen der Partner umging – sind sehr hartnäckig. Sie werden vom Paar jahrelang so eingeübt und haben sich daher eingeschliffen und automatisiert. Es bedarf beharrlicher Arbeit, diese Muster allmählich loszulassen und etwas Neues zu entwickeln.

Dies kann dauerhaft nur gelingen, wenn auch die alten Fundamente der Paarbeziehung erneuert werden. Der alte, unbewußte Paarvertrag, wie er sich im Kennenlernen und Verlieben konstelliert hatte, hat in die Partnerschaftskrise geführt und kann daher nicht mehr die Grundlage der Partnerschaft nach der Krise sein. Dieser Paarvertrag kommt mit der Krise zugleich an sein Ende und muß vom Paar nun bewußt aufgelöst werden.

Bei dem eben beschriebenen Paar war sie damals beim Kennenlernen von seiner Jungenhaftigkeit fasziniert, weil er ihr Spontaneität und Leichtigkeit vermittelte, die sie von ihren strengen Eltern her nicht kannte. Für ihn wirkte sie schon sehr erwachsen. Sie schien genau zu wissen, was sie wollte und wie sie das in die Tat umsetzen konnte. Er bewunderte ihr Organisationstalent. Bei Vorhaben plante sie ohne Nachfragen für ihn schon mit. Er wiederum brachte Spaß und Humor in die gemeinsamen Unternehmungen ein.

Im Laufe der Jahre formte sich dies zu folgender polarisierter Rollenfestschreibung aus: Sie geriet in die Rolle der müttterliche Organisatorin, die mit ihrem Hang zur Perfektion alles dominierte; er fand sich in der Position des lieben Jungen, der zunächst alles mit sich machen ließ und sich dann seiner Frau mehr und mehr entzog. Dieser Paarvertrag, der auf den kindlichen Bedürfnissen der beiden beruhte, war nun spätestens durch die Krise hinfällig geworden. Dieser Einsicht konnte das Paar nicht ausweichen und mußte sich von dem alten Paarvertrag verabschieden, um die Partnerschaft auf ein neues Fundament zu stellen. Der neue, bewußt geschlossene Vertrag heißt: »Wir gestalten gemeinsam verantwortlich unsere Partnerschaft und Familie. Ich als Mann übernehme mehr Verantwortung für Partnerschaft und Familie; ich als Frau gebe Kontrolle ab und erlaube mir und den anderen mehr Freiräume. Mir als Mann könnte es Freude und Selbstbestätigung bringen, wenn ich in diesem Sinne aktiver werde. Mir als Frau erwachsen daraus Chancen für meine eigene Entwicklung.«

Nach einer bewältigten Paarkrise kommen die Partner nicht selten in eine gleichwertige, ebenbürtige Position, in der sie sich als Erwachsene gegenüberstehen. Die Partnerschaft wird in der Krise reifer, weil die Partner die kindlichen Positionen aus der Zeit des Verliebtseins und des alten Paarvertrages verlassen. Das ist zugleich auch die Chance, die in jeder Paarkrise steckt: die Partner können sich aus den Fesseln des alten Paarvertrages lösen und die Beziehung kann freier und gelassener werden.

In unserem Beispiel mußte er seine Jungenhaftigkeit aufgeben und sie sich aus der Rolle der mütterlichen Organisatorin verabschieden. Für sie ist die Krise auch die Chance, mehr Lebendigkeit und Spontaneität in sich zu entdecken, zu entwickeln und zuzulassen. Ein erster Schritt hierzu war es, daß sie sich an eine längst vergessene Leidenschaft, das Fotografieren, erinnerte. Als sie auf einer Urlaubsreise mit der Familie sich, die Zeit und die Familie beim Fotografieren von Steinen völlig vergaß und das von der Insel zurückfahrende Schiff verpaßte, wußten sie und ihr Mann, daß sie ein gutes Stück eigener Entwicklung geschafft hatte.

Auch er mußte an sich arbeiten. Nachdem er sich für seine Frau und Familie entschieden hatte, mußte er Abschied von seiner Geliebten nehmen. Das fiel ihm nicht leicht. Noch ein halbes Jahr nach der Trennung von ihr hielt er die kleine Zweizimmerwohnung, die er für die Treffen mit seiner Freundin angemietet hatte. Noch konnte er nicht loslassen. Er brauchte die Wohnung als symbolisches Unterpfand, bis er spürte, daß sich in seiner Ehe Neues anbahnte.

Zugleich mußte er Abschied nehmen von der jungenhaften, ein wenig größenwahnsinnigen Idee, im Leben alles zu bekommen: hier seine Familie und die alles organisierende Mutter, mit der er den Alltag und die Normalität lebt; dort die gefühlvolle Geliebte, mit er die Leidenschaft genießt. Auch das gehört zum Erwachsenwerden durch eine Paarkrise, daß wir realisieren, daß eine Partnerschaft nicht alle Lebenswünsche erfüllen kann. Zum einen müssen wir auf die Realisierung bestimmter Wünsche verzichten, zum anderen sind wir für uns selbst verantwortlich. Und schließlich – auch das eine Einsicht aus der Paarkrise – ist die Paarbeziehung nicht nur für uns da, sondern umgekehrt braucht der andere und die Partnerschaft unser Engagement und unser Mitwirken. Das ist vor allem die Lektion, die viele Männer in einer Paarkrise zu lernen haben. Eine Partnerschaft lebt nicht nur von der romantischen und erotischen Seite der Liebe, der sogenannten Liebsten-Liebe, sondern auch von unserer Nächstenliebe, die auch das Wohl des anderen im Auge hat.

Blicken wir noch einmal auf Batseba und David zurück. Dort endet die Paarkrise zunächst in einer Katastrophe. Nicht nur Batsebas Mann, sondern auch das Kind, mit dem sie von ihrem ersten Seitensprung mit David schwanger ist, muß sterben. Diese Geschichte wird im Alten Testamen ganz ohne moralischen Fingerzeig, sondern ganz nüchtern erzählt. Dem Leser wird dabei klar, daß die menschliche Liebe sehr unvollkommen ist. Zur Liebe gehört auch ihre dunkle Seite, der Schmerz und die Möglichkeit des Liebesverrates. Die Liebe ist so ungeheuer schön, wie die badende Batseba, aber sie kann auch so ungeheuerlich sein wie Davids kaltblütiger Mordplan. Beides geschieht aus den Gefühlen der Liebe, die Verführung Batsebas und der Liebesakt mit ihr und der von David herbeigeführte Tod Urias, des Mannes von Batseba. So dicht liegen Glanz und Schatten der Liebe beieinander. Es gibt die Liebe – auch das eine schmerzliche Einsicht aus dieser Geschichte – gar nicht ohne ihre Schattenseite und Gefährdung. Vielleicht erhält sie erst durch diese dunklen Seiten ihren Glanz?

Krisen, insbesondere eine Außenbeziehung, führen uns an diesen Abgrund der Liebe sehr nahe heran. Wenn wir uns verlieben, wollen wir die dunkle Seite der Liebe nicht sehen und wenn wir als Paar zusammenleben, wollen wir sie von unserer Beziehung fernhalten. Daß dies nicht immer gelingt, zeigen uns die Partnerschaftskrisen am deutlichsten. Glücklich die Paare, denen es gelingt, durch den Blick in den Abgrund ihre Liebe ins Neue hinein zu verwandeln. Nur die Paare, die diesen Schatten, der in der Krise sehr deutlich wird, in die Entwicklung ihrer Liebe mit hineinnehmen können, bleiben auf dem Entwicklungsweg der Liebe.

Es ist schon erstaunlich, daß dann die Geschichte von David und Batseba trotz der Katastrophe, trotz

Liebesverrat und Liebesmord letztlich eine gute Weiterführung findet.
Doch die Liebe läßt sich eben auch nicht von schwachen Liebenden, auch nicht von schlechten Liebhabern und wankelmütige Geliebten aufhalten. Die Liebe selbst scheint sich nicht besiegen zu lassen, auch wenn ihr immer wieder Niederlagen zugefügt werden. Die Liebe ist größer als das Scheitern der Liebenden. Das mag die zweite Botschaft dieser dunklen Liebesgeschichte sein. David und Batseba zeugen Salomo, der nicht nur ein großer König, sondern wohl auch ein großer Liebhaber und Liebeskünstler war.

Die Liebe neu entdecken – Das Paar in der Lebensmitte

Erschöpfte Liebe

Auch die Liebe kommt in die Jahre. In der Zeit der Lebensmitte, in den Jahren zwischen fünfundvierzig und fünfundfünfzig ist bei vielen Paaren die Liebe erschöpft. Das gilt für Paare mit Kindern, bei denen die Liebe im Familienstreß unterging oder ausgepowert wurde, und das erleben auch Paare ohne Kinder, bei denen die Liebe häufig an Lebendigkeit verloren hat.

Abraham und Sara *(1. Mose 18)* sind ein Bild für diese erschöpfte und entleerte Liebe. Ganz offen wird ausgesprochen, daß die Liebe zwischen ihnen beendet ist; sie schlafen schon lange nicht mehr miteinander. Sara fühlt sich alt – wörtlich übersetzt »wie ein ausgewrungener Lappen« *(1. Mose 18,12)* – Liebeslust empfindet sie schon lange nicht mehr. Sie ist schon seit geraumer Zeit in der Menopause, und Abraham scheint auch kein Interesse mehr an der Liebe zu haben.

Verbindet dieses Paar noch etwas anderes als alte Gewohnheiten und liebgewonnene Sicherheiten? Kann in dieser ausgetrockneten Beziehung noch etwas Neues aufblühen? Zwar wünschen sie sich ein

Kind – Symbol für die emotionale Verbundenheit zweier Partner und für etwas Neues in der Paaarbeziehung –, aber im Grunde ihres Herzen haben sie diese Hoffnung schon lange begraben und damit ihre Paarbeziehung abgeschrieben. Aber wenn Partner, gerade auch nach langer Zeit des Zusammenlebens auf eine Erneuerung und Beflügelung ihrer Liebe nicht mehr hoffen können, ist die Beziehung zwischen ihnen sehr gefährdet.
Als ein Besuch bei Abraham und Sara die Hoffnung auf etwas Neues zwischen den beiden, die Hoffnung auf ein Kind, in Aussicht stellt, kann Sara darüber nur verbittert lachen: »Jetzt, wo ich alt und verwelkt bin, soll ich noch ein Kind empfangen? Und mein Mann ist auch viel zu alt« *(1. Mose 18,12).*
Wir können diese Frage und den Zweifel Saras für heutige Paare in der Lebensmitte als deren zentrales Thema so formulieren: Kann in einer oft ausgedorrten, erlahmten Beziehung noch einmal etwas Neues aufbrechen und gedeihen?

Oft haben sich Paare bis zur Lebensmitte emotional sehr weit voneinander entfernt. Der innere Kontakt und die innere Nähe bestehen schon länger nicht mehr. Schaut man hinter die Kulissen eines solchen Paares ist die Beziehung häufig leer und kühl geworden wie das der Traum eines achtundvierzig jährigen Mannes zeigt:
»Ich komme abends von der Arbeit müde nach

Hause. Mit Schreck stelle ich fest, daß unser Haus nur noch eine Ruine ist. Das Dach ist ganz weg, nur noch einige Wände stehen da. Doch der Kamin ragt unversehrt aus den Trümmern. Eine kleine Rauchfahne steigt auf. Da entdecke ich, daß auch die großen Fundamentsteine im Vorgarten herumliegen. Ich denke, wo sind denn meine Kinder und meine Frau? Ich will nach ihnen rufen und wache dann an meinem Rufen wie gelähmt auf.«

Die Ehefrau dieses Mannes dachte an Trennung, weil sie sich in ihrer Partnerschaft nicht mehr verstanden fühlte. Sie hatte bei ihm zwar immer wieder mehr Zuwendung eingefordert, doch er hatte die Signale seiner Frau nicht verstehen wollen, zu sehr war er in seinem Beruf engagiert. Erst jetzt konnte er im Traum sehen, wie bedroht seine Partnerschaft war.
Der Traum zeigt aber auch, daß es noch eine Chance gibt: Die Glut im Herd des Hauses ist noch nicht ganz erloschen. Der Herd und die Küche sind uralte Bilder für das gemeinsame Leben eines Paares oder einer Familie. Auf dem Herd wird nicht nur gekocht, sondern er sorgte in früheren Zeiten auch für die nötige Wärme in der Küche, die oft der einzige beheizbare Raum des Hauses war. Die Küche ist der Raum, in dem gemeinsam gegessen und alle wichtigen Themen besprochen wurden.
Vielleicht kann der Träumer die Glut der Liebe noch einmal entfachen. Allerdings müßten er und seine

Frau das gemeinsame Haus ihrer Partnerschaft auf ein neues Fundament stellen und gemeinsam ihr Lebenshaus noch einmal neu errichten. Das alte Haus ist jedenfalls nicht mehr bewohnbar. Das ist für viele Paare in der Lebensmitte eine schmerzliche Einsicht, aber auch der erste Schritt, um mit dem Einschnitt der Lebensmitte – oft verbunden mit dem inneren und äußeren Weggehen der Kinder – produktiv umgehen zu können.

Die Lebensmitte ist für jedes Paar eine Zeit des Umbruchs und der Veränderung. Der Einschnitt und die damit anstehenden Entwicklungsaufgaben, die zur Bewältigung anstehen, sind in der Regel deutlich schwieriger als die anderen notwendigen Veränderungen auf dem Entwicklungsweg der Liebe. Sehr häufig stellt sich die Frage, ob es einem Paar gelingt, die Liebe neu zu entdecken, ihr dann ein neues Fundament zu geben und sie wieder gedeihen zu lassen. Zugleich ist die Gefahr des Scheiterns an diesen Entwicklungsaufgaben wohl kaum so groß wie zu diesem Zeitpunkt. Das zeigen auch die Scheidungsstatistiken, die eine hohe Zahl von Scheidungen bei langdauernden Ehen aufweisen.

Eine fünfundvierzigjährige Frau berichtet bestürzt, daß ihr Mann alles aufgeben möchte und mit seiner Freundin, von der sie bis zu diesem Zeitpunkt nichts geahnt hatte, ein ganz neues Leben aufbauen will.

Die Ehefrau hatte sich intensiv um den behinderten Sohn gekümmert, der mit achtzehn Jahren nun zu einer Ausbildung ein Internat besuchen kann. In den letzten Jahren hatte sie zudem ihre Eltern gepflegt, während er sich fast ausschließlich seiner Arbeit gewidmet und sich dabei unmerklich aus der Familie zurückgezogen hatte. Dort hatte er in seiner angesehenen Position vielfältige Kontakte. Außerdem hatte er sich auf seinem Berufsweg durch ständige Fortbildungen auch persönlich weiterentwickelt.

Ein Traum der Frau beschreibt eindrücklich ihre Situation und die Gründe für die Paarkrise in der Lebensmitte:

»Ich mache mit meinem Mann einen Dauerlauf. Gleichauf laufen wir nebeneinander her. Plötzlich läuft mein Mann sehr viel schneller. Ich schaffe es nicht mehr, seinem Tempo zu folgen. Ich habe nicht mehr so viel Kraft.
Mein Mann läuft nun weit voraus. Ich sehe, wie er in der Tiefgarage eines großen Hauses verschwindet. Als ich an der Einfahrt keuchend ankomme, fällt ein schweres Eisengitter herunter, so daß ich nicht hinein kann. Verzweifelt rüttle ich an dem Gitter und wache entsetzt auf.«

Immer wieder hatte sie versucht, ihren Mann zu erreichen und bei seinen beruflichen und persönlichen

Entwicklungen mitzuhalten. Umgekehrt hatte er kaum auf sie und ihre Verpflichtungen in der Familie Rücksicht genommen und sie nicht an seinem Leben und an seinem Fortkommen teilnehmen lassen. Am Ende dieses Prozesses hat er sich von ihr gänzlich entfernt und sie von sich abgeschnitten, während sie erschöpft und verzweifelt zurückbleibt.
Das ist ein typisches Beispiel für eine Paarkrise in der Lebensmitte nach der gemeinsamen Aufbau- und Familienphase. Mißlingt eine Bewältigung dieses Einschnittes, geht es auch heute noch zu Lasten der Frauen, die sich für die Familie und ihren Mann eingesetzt haben. Sehr häufig stehen dann Frauen mit leeren Hände allein da; ein Wiedereinstieg in den Beruf ist in dieser Situation sehr schwierig. Allerdings trennen sich auch zunehmend mehr Frauen in der Krise der Lebensmitte. Meist haben sie lange Zeit versucht, ihren Mann wieder zu errreichen und eine gemeinsame Partnerschaft einzufordern.

In der Familienphase lenken die vielfältigen Aufgaben und Verpflichtungen von einer schleichenden Distanzierung der Partner ab. Gegen Ende der Familienphase verdecken besonders die Konflikte mit den Kindern in deren Pubertät, daß die Paarbeziehung ausgetrocknet und leer geworden ist. Verliert das Paar nun dieses wichtige Bindeglied der Kinder durch deren allmählichen inneren und dann äußeren Auszug, bricht das bisher Verdeckte auf und kann

nun nicht mehr verdrängt werden. Die Partner sitzen sich bildlich gesprochen allein mit ihren ungelösten Konflikten und den alten Verletzungen aus der Familienphase gegenüber.
In traditionellen Familienehen ist die Frau vom Weggehen der Kinder in der Regel wesentlich stärker betroffen als der Mann. Sie verliert einen wichtigen Lebensinhalt, während der Mann gerade jetzt im Beruf meist sehr stark gefordert ist. Er hat nicht nur weiterhin sein Aufgaben, sondern auch Kontakte und meist auch Anerkennung von außen. Die Frau verliert mit den Kindern wichtige Gesprächspartner, mit denen sie in der Familienphase sehr vieles geteilt und besprochen hatte. Viele Frauen hoffen, daß ihr Mann die leerwerdende Stelle der Kinder wieder einnimmt und sich nach langer Zeit ihnen wieder zuwendet.

Doch diese Hoffnung wird in der Regel enttäuscht, weil Männer auch weiterhin ihren Beruf an erste Stelle setzen. Männer haben sich – oft auch beruflich bedingt – von ihren eigenen Gefühlen, Wünschen und Träumen und damit meist auch von ihrer Partnerin entfernt. Hatten sie schon vorher Probleme, über sich und ihr Inneres zu reden, wird das nun nach langen Zeiten des Schweigens noch schwieriger. Sie empfinden den Wunsch ihrer Frau, sich nun wieder mehr auf die Beziehung und auf Gespräche einzulassen, als eine Bedrohung. Viele Männer verweigern sich gerade in der Phase, in denen das Gespräch für die Paarbeziehung so wichtig wäre. Aber sie gefährden damit nicht nur ihre Partnerschaft, die in der Lebensmitte schon labil genug ist, sondern sie berauben auch sich selbst in ihrer eigenen Lebensmitte einer großen Chance.

So könnten durch die Gespräche mit der Partnerin wieder eigene Lebensträume und Bedürfnisse entdeckt werden und die Einsicht reifen, daß es außer dem Beruf auch noch andere wichtige Dinge im Leben gibt. Oder es könnte sich vielleicht auch wieder eine bessere Beziehung zu den fast schon erwachsenen Kindern entwickeln, deren Heranwachsen die Männer häufig nicht bewußt erlebt haben.

Aber für Männer scheint in der Lebensmitte alles noch in scheinbar bester Ordnung zu sein, auch ihre Paarbeziehung. Dabei könnten ein Stechen in der Herzgegend, eine berufliche Niederlage gegen einen jüngeren Konkurrenten oder das Erleben einer kurzzeitigen Impotenz Signal und Warnung sein, sich mit der eigenen Lebenssituation auseinanderzusetzen. Die Wünsche und Anfragen der Partnerin wären so gesehen nicht nur Kritik und Vorwurf der Frau gegenüber ihrem Partner, sondern auch eine Chance für den Mann, wieder mit sich selbst in Kontakt zu kommen, die Überbewertung des Berufes zu korrigieren und sich selbst zu entdecken, um dann auch die Prioritäten des eigenen Lebens für die Zeit nach der Lebensmitte anders zu setzen.

Da das leider eher selten geschieht, leiden Frauen in dieser Phase früher als Männer an der Leere der Partnerschaft. Für sie ist die Lebensmitte zunächst bedrohlicher, weil für sie, im Unterschied zu ihren Männern, eine wirkliche Neuorientierung des Lebens ansteht. Auch die ersten Vorboten der Wechseljahre machen Frauen darauf aufmerksam, daß auf sie tiefgreifende Veränderungen warten.

In der Regel können sie dabei nicht auf die Unterstützung ihres Mannes zählen. Diese empfinden die Neuorientierung und die Aufbrüche ihrer Frau eher als Gefahr und Bedrohung. Viele Männer sabotieren unterschwellig oder offen die Aufbrüche ihrer Frau wie zum Beispiel den Wiedereinstieg in den Beruf.

Wenn Männer ihre Frauen in deren Aufbruch blockieren, geraten diese als Gegenreaktion in die Haltung des Vorwurfes und der Anklage. Statt aktiv mit den Herausforderungen der Lebensmitte umzugehen, verstrickt sich das Paar in einer gefährlichen Polarisierung. In vielen Fällen gerät die Frau in die Rolle einer vorwurfsvollen, nörgelnden Mutter, die Männer in die Position eines überforderten und zugleich rebellischen Jungen. Aber auch die andere Polarisierung ist in dieser Situation anzutreffen: die Frau wird zur rebellischen Tochter, die sich nicht mehr länger dem dominierenden väterlichen Mann unterordnen will, sondern – zunächst noch ganz unbestimmt – etwas Neues für ihr eigenes Leben möchte.

Häufig gelingt es der Partnerin nicht, ihre Vorstellungen und Wünsche klar und eindeutig zu äußern; umgekehrt entziehen sich die Männer den für sie unangenehmen Auseinandersetzungen mit der Partnerin. Oft machen Männer den Umweg über eine Außenbeziehung, in der sie zunächst mehr Verständnis und Versorgung erhalten. Sie flüchten sich in den Schoß einer anderen Mutter, die sie verwöhnt, oder in die Arme einer Tochter, die zunächst nichts von ihnen fordert, sondern sie neu bewundert.

Gelingt es Frauen in dieser Lage nicht, der Verstrickung mit ihrem Mann zu entkommen und sich zuerst den eigenen Entwicklungen zuzuwenden, werden nicht wenige Frauen krank. Sie machen sich für die scheinbar unlösbaren Probleme der Paarkrise in der Lebensmitte verantwortlich und fühlen sich schuldig; ihre Vorwürfe richten sie destruktiv gegen sich selber. Es sind häufig Frauen, die es nie wagten, ihre eigenen Bedürfnisse in Ehe und Familie einzubringen und durchzusetzen. Oft haben sie sich für die Familie und ihren Mann aufgeopfert und sich an die letzte Stelle gesetzt.

Da diese Lebensmöglichkeit nach dem Auseinandergehen der Familie nun keinen Sinn mehr ergibt, entsteht eine große Leere und Kränkung, die sich als Krankheit manifestieren kann. Oft ist zum Beispiel eine Depression oder Angsterkrankung ein unbewußter Appell an den Mann und die wegstrebenden Kinder, sich nun endlich einmal – sozusagen als später Ausgleich für ihre Opfer – um die Frau und Mutter zu kümmern. Unter dem Druck der Krankheit werden der Partner und die Kinder noch einmal gebunden, die Ablösung der Kinder verzögert und die nötigen Veränderungen in der Partnerschaft aufgeschoben. Doch diese Scheinlösung wird zum einen von der Frau durch ihre Erkrankung erkauft, zum anderen werden ihr der Mann und die Kinder nur eine Weile ihre verstärkte Zuwendung entgegenbringen, um sich dann irgendwann doch frei zu machen und abzulösen.

Alle Krisensymptome in der Lebensmitte, sei es eine Außenbeziehung des Mannes oder die Erkrankung der Frau, sind deutliche Zeichen dafür, daß einschneidende Veränderungen in der Partnerschaft anstehen und bewältigt werden müssen.

Sich für die Liebe entscheiden

In der Lebensmitte lassen sich zwei unterschiedliche Ausgangsituationen von Paaren unterscheiden. Je nach dem, wie ein Paar die Aufgaben der Aufbau- und Familienphase gelöst hat, bilden sich zwei verschiedene Paarstrukturen heraus, zum einen das schon *distanzierte, entfremdete* Paar und zum anderen das noch *symbiotisch gebundene* Paar. Natürlich ist die Einteilung nur als grobe Vereinfachung zu verstehen. In der Regel gibt es bei Paaren in der Lebensmitte beide Aspekte in unterschiedlicher Gewichtung.

Wie aus dem folgenden Beispiel ersichtlich wird, hat das *distanzierte* und *entfremdete* Paar ganz eigene Entwicklungsaufgaben zu bewältigen, um mit der Paarkrise in der Lebensmitte umzugehen.

Ein Paar kommt in die Beratung und möchte lernen, wieder miteinander zu reden. Es wird sehr schnell deutlich, daß sich das Paar nur noch wenig zu sagen hat; schweigend sitzt es sich in der Beratung gegenüber. Es würde dem Paar nicht weiterhelfen, bestimmte Gesprächsmethoden zu lernen, weil das Problem auf der Beziehungsebene angesiedelt ist.
Das zeigt sich im Rückblick auf die Geschichte des Paares. Hierbei stellt sich heraus, daß sich die Partner nach der Geburt der Kinder sehr häufig gestritten und sich dabei oft verletzt hatten. Als Schutzreaktion zogen sich die Partner weitgehend voneinander zurück, und jeder wandte sich intensiv seinem eigenen Lebensbereich zu. Der Mann widmete sich seinem Beruf, später engagierte er sich kommunalpolitisch; die Frau konzentrierte sich ganz auf die Kinder, danach übernahm sie eine Teilzeitbeschäftigung. Die heftigen Konflikte ließen dann zwar nach, aber die Partner entfernten sich auch immer weiter voneinander.

Als Elternpaar und als Arbeitsteam kamen sie miteinander ganz gut zurecht, aber emotional hatte sich das Paar im Grunde schon seit über fünfzehn Jahren getrennt.

In den Paargesprächen wurde zuerst diese Entwicklung besprochen und von beiden zum erstenmal auch bewußt wahrgenommen. Beide hatten die emotionale Trennung gespürt, aber keine Wege gefunden, aus den Verletzungen und dem Rückzug wieder auf den anderen zuzugehen. Die Konfrontation mit dem inneren Zustand der Paarbeziehung stellte das Paar vor die Frage, ob es weiter zusammenbleiben und sich dafür auch engagieren will oder ob es sich nicht zu weit von einander entfernt hat, um sich noch einmal zu finden.
Distanzierte Paare in der Lebensmitte müssen also eine Entscheidung über eine weitere gemeinsame Zukunft treffen. Hier ist es hilfreich, wenn sie sich für diesen Entscheidungsprozeß Zeit lassen und sich zunächst einmal auf eine vorläufige Erprobungsphase einigen. In dieser »Probezeit« können beide Partner für sich erkunden, ob sie wieder Gefühle für den anderen entwickeln können. Manchmal ist es auch nötig, sich für eine vereinbarte Zeit zu trennen, um dann aus dem Abstand heraus den anderen neu zu entdecken.
Das kann nur gelingen, wenn die Partner wieder miteinander ins Gespräch kommen. Das kann

zunächst durch gemeinsame Unternehmungen geschehen, die dem Paar gemeinsame Erfahrungen und damit Gesprächsstoff liefern. Das Paar kann sich über einen Kinofilm oder Museumsbesuch austauschen und neu entdecken, wie der andere die Welt sieht und erlebt. Die Partner müssen sich dabei selbst öffnen und dem anderen mitteilen, was sie sehen, erleben und darüber denken, dann wird zwischen Partnern wieder ein Austausch möglich, der sich zunehmend vertiefen kann.
Der Blick auf die Zeit der Verliebtseins oder auf Weichenstellungen in der gemeinsamen Paargeschichte bringt das Paar dann noch ein weiteres Stück näher zueinander; das Ansprechen von unerfüllten Wünschen und Träumen, von Enttäuschungen und Kränkungen, die jeder in der bisherigen Partnerschaft erlebt hat, zeigt dem Paar, ob es noch Gefühle für den anderen gibt. Auch in Gefühlen von Enttäuschung, von Verletzung und Groll stecken im Kern ungelebte Wünsche an den Partner und damit Chancen für eine Paarbeziehung.
Gelingt es dem Paar, diese bisher unerfülltenWünsche und Sehnsüchte zu formulieren und dem anderen mitzuteilen, können daraus Bilder eines weiteren gemeinsamen Weges entstehen. Die Chance des sich entfremdeten Paares liegt genau darin, das bisher Ungelebte und Versäumte nun endlich gemeinsam zu leben.
Das in der Lebensmitte *symbiotisch gebundene* Paar

hat nun zunächst eine ganz andere Aufgabe zu lösen, wie das folgende Beispiel zeigt.

Ein Paar, beide fast fünfzig, mit zwei leiblichen Kinder mit achtzehn und einundzwanzig Jahren und einer Adoptivtocher mit sechzehn Jahren kommt in die Beratung, weil der Mann eine Außenbeziehung begonnen hatte. Beide wünschen sich, daß ihre Beziehung wieder in Ordnung kommt. Sie haben den Wunsch, nach der aufreibenden Familienphase und dem Ausbruchsversuch des Mannes wieder mehr Gemeinsamkeit zu finden.

Doch statt der ersehnten neuen Nähe muß sich dieses Paar zunächst voneinander lösen. In der Familienphase hatte sie die traditionelle Rolle der emotionalen Versorgerin in Partnerschaft und Familie übernommen und war dabei in die überverantwortliche Position geraten. Er dagegen war in der Familie eher in der unterverantwortlichen Position. Sie war zur starken Mutter, er zum Jungen in der Beziehung geworden. In dieser Mutter-Sohn-Symbiose, die lange Zeit auch gut funktionierte, war keine Nähe zwischen erwachsener Frau und erwachsenem Mann mehr möglich, obwohl das Paar im Rahmen der Familie zusammen mit den Kindern sehr viel an Gemeinsamkeit und Nähe lebte.

Lösen sich nun die Kinder ab, bleibt das Paar in seiner Mutter-Sohn-Abhängigkeit zurück. Die Frau wird häufig noch mehr zur fürsorglichen Mutter, oft auch zur Lehrerin oder Therapeutin des Mannes. Mancher Mann bleibt wie in der Familienphase der angepaßte, vielleicht auch vorsichtig sabotierende Junge. Damit aber ist er der ständigen Kritik seiner Frau ausgesetzt, weil diese zurecht endlich nun – nachdem die Kinder schon groß sind – einen erwachsenen Mann will. Dieser wird aber auf dem Weg des Erwachsenwerdens zunächst zu einem rebellierenden und schließlich pubertierenden Jungen, der seiner Frau auf eine jungenhafte Weise Stärke beweisen muß. Er blockiert alle Versuche der Partnerin, wieder mehr Gemeinsamkeit zu entwickeln. Andere Männer verweigern sich dem Druck ihrer Frau, indem sie lang gehegte gemeinsame Vorhaben und Pläne, wie zum Beispiel den Umbau des Hauses, immer wieder hinauszögern. Andere entziehen sich ihrer Partnerin durch eine Außenbeziehung, die die Frau auch deshalb so schmerzlich trifft, weil sie doch alles versucht – allerdings mit unterschwelligem Druck aus ihrem Eltern-Ich –, damit die Partnerschaft wieder interessant wird.

Eine andere häufige symbiotische Paarkonstellation, in der sie die angepaßte und »brave« Tochter und er der versorgende, aber bevormundende Vater ist, bricht wie im folgenden Beispiel in der Lebensmitte auf:
Als sie neunzehn Jahre alt ist, lernt sie ihren zehn Jahre älteren Mann kennen, der ihr Vertrauen, Souveränität und Kompetenz vermittelt. Die Beziehung

hilft ihr, sich von ihrer Familie und insbesondere vom überstrengen Vater abzulösen. In der Partnerschaft aber übernimmt nun ihr Mann bald diese väterliche Rolle. Sie überläßt ihm von Anfang an die Führung, viele Entscheidungen und die Initiative. Erst als die Kinder groß sind, entdeckt sie von der Frauenliteratur und Freundinnen angeregt, wie wenig sie ihre eigene Vorstellungen und Träume gelebt hat. Das verwirklicht sie nun auch gegen den Willen ihres Mannes, indem sie Kurse besucht, mit Freundinnen ausgeht oder alleine Urlaub macht. Von ihrem Mann fordert sie vehement eine gleichberechtigte und ebenbürtige Partnerschaft ein. Er wiederum kann die heftigen und auch aggressiven Forderungen seiner Frau überhaupt nicht verstehen, hatte er doch immer für seine Frau gesorgt und ihr vieles abgenommen. Er drängt sie noch stärker, zu der alten Form ihres Zusammenlebens zurückzukehren. Daraufhin droht sie mit dem Auszug. Der Versuch der Partnerin, ihre Eigenständigkeit und mehr Freiräume in der Beziehung zu gewinnen, hat sich zu einem polarisierenden und destruktiven Kampf der Partner entwickelt. Sie kämpft aus der Position des rebellischen Kindes, er aus der Rolle des angegriffenen und verschmähten Vaters, so daß beide noch in der Vater-Tochter-Abhängigkeit gefangen sind. Auch hier geht es zunächst darum, daß beide im Kampf verstrickte Partner einander loslassen, um zu verstehen, was in diesem Kampf eigentlich geschieht. Erst dann können sie die noch wirksame Abhängigkeit voneinander sehen und bearbeiten.

Das in einer Abhängigkeit gebundene Paar in der Lebensmitte muß also zunächst eine Distanzierung aus der Mutter- und Sohn-Rolle beziehungsweise der Vater- und Tochter-Position und eine Ablösung voneinander leisten oder anders ausgedrückt: den alten Paarvertrag aufkündigen.
Im ersten Fall der Mutter-Sohn-Bindung muß die Frau ihre mütterliche, überverantwortliche Position gegenüber ihrem Mann loslassen. Das gelingt dann am besten, wenn sie sich zunächst sich selbst zuwendet, ihre eigenen Bedürfnisse und Interessen wieder entdeckt und neue Lebensziele für sich entwirft. Gerade für Frauen in der Lebensmitte ist es wichtig, eigene Lebensbereiche aufzubauen, in denen sie ihren Wert unabhängig von ihrem Partner erleben können. Der Mann muß endlich erwachsen werden und in der Beziehung seinen Mann stehen. Er kann sich überlegen, wo er Verantwortung für die Partnerschaft übernehmen will, wie er sie mitgestalten und wo er sich aktiv in die Partnerschaft einbringen möchte, sei es bei der Planung des Wochenendes, bei der Neueinrichtung des Wohnzimmers oder bei der Vorbereitung des Geburtstagsfestes für seine Frau.
In diesem Prozeß kann sie für ihn wieder attraktiv werden, weil sie eigenständig und ganz bewußt das

Eigene pflegt; er wird für sie wieder anziehend, weil er ihr als erwachsener Mann begegnet, der etwas für sie und die Partnerschaft tut.

Im zweiten Fall der Vater-Tochter-Konstellation muß der Partner seine bevormundende Position aufgeben und sich auf eine ebenbürtige Ebene mit seiner Frau einlassen. Er muß dabei lernen, zum Beispiel in Gesprächen seiner Partnerin wirklich zuzuhören, deren Meinung als berechtigte und eigenständige Sicht zu akzeptieren, sich mit ihr auseinanderzusetzen und mit der Bereitschaft zu diskutieren, die eigene Sicht zu verändern. Die Chance für ihn liegt darin, daß er eine neue, auch weibliche Sicht der Wirklichkeit erfährt, daß er den Zugang zu seinen verdrängten Gefühlen und seiner verschütteten Lebendigkeit erhält und aus seiner oft starren, eingeengten Persönlichkeit aussteigen kann.
Frauen, die in der Lebensmitte aus ihrer angepaßten Tochter-Rolle ausbrechen, werden zunächst einmal ihre eigenen Wünsche näher kennenlernen und – oft zum erstenmal in ihrem Leben – erproben und erleben wollen. Für viele Frauen ist es beispielsweise wichtig, noch einmal eine eigene Ausbildung zu beginnen oder wieder berufstätig zu werden. Dann aber muß der Wunsch nach Eigenständigkeit und Erwachsensein in die Beziehung eingebracht und mit dem Partner ausgefochten werden, soll die Partnerschaft sich weiter entwickeln. Frauen in dieser

Konstellation müssen es wagen, eigene Vorstellungen dem Partner gegenüber zu behaupten, Initiative in der Beziehung zu ergreifen oder manches auch auf eigene Faust zu riskieren. Dies ist die Chance für sie, sich und die eigenen Kräfte zu spüren, sich selbst aktiver und damit lebendiger zu fühlen.
Über diese Auseinandersetzungen mit dem Partner entsteht nicht nur eine Ebenbürtigkeit, sondern auch eine neue Nähe, die nun auf einem neuen Paarvertrag beruht, bei dem die Partner nicht mehr Tochter und Vater oder Mutter und Sohn sind, sondern beide sich als Mann und Frau begegnen.
An dieser Stelle gleichen sich die Beziehungsaufgaben wieder, die das schon entfremdete und das symbiotisch gebundenen Paare zu lösen haben: Es geht nun darum, die Formen von neuer Nähe und Bindung zu realisieren und im Alltag zu konkretisieren.

Wie gelingt das dem in seiner Liebe sehr gealterten Paar Abraham und Sara, ist Sara doch schon verbittert und er ohne jegliche Hoffnung? In dieser uralten Geschichte geschieht etwas sehr Merkwürdiges: Drei unbekannte Gestalten besuchen das Paar. Abraham begreift sofort und intuitiv, daß sich in diesen drei Gestalten Gott selbst verbirgt. Abraham und Sara bewirten die drei Männer fürstlich und räumen ihnen einen Platz in ihrem Leben ein. Und obwohl die Zweisamkeit zwischen den beiden wohl schon

lange erlahmt war, kündigt sich in der Zahl drei etwas Neues an.
Im Dritten kommt eine andere Dimension, die Dimension des Himmels und des Religiösen in die Partnerschaft der beiden. Mit der Paarkrise in der Lebensmitte drängen sich andere und neue Themen auf. War bis zur Lebensmitte der Aufbau der Familie, die Erziehung der Kinder und die Bewältigung des Alltags das Zentrale, brechen nun Sinnfragen auf, die in einen religiösen Horizont hineinreichen. Was ist der Sinn dieses Lebens, des gemeinsamen Lebens und für welche Ziele lohnt es sich, als Paar zusammenzubleiben und gemeinsam zu leben? Andere, auch innere Werte, die beispielsweise in der Kunst, in der Religion und Spiritualität präsent sind, werden wichtig und könnten von Paaren gemeinsam neu entdeckt und geteilt werden. In der Lebensmitte kann ein Paar über den engen Horizont von Familie, Kindern und Alltag hinausblicken und gemeinsam existentielle, religiöse Themen aufgreifen, sich damit beschäftigen, darüber diskutieren und damit eine Gemeinsamkeit erahnen, die über das Paar hinausreicht.
Bei Abraham und Sara kommt das Göttliche sehr direkt in den entleerten Alltag und transzendiert das Gewohnte, das die Liebe absterben läßt. Das Entscheidende bei Abraham und Sara liegt darin, daß sie dem Göttlichen, das die Liebe ist, Herberge gewähren – alles andere geschieht aus sich selbst. Sie

mußten wohl nur eines tun, nämlich sich auf die irrationale und abwegige Hoffnung, daß ihre Liebe auch unter der Dürre ihre alten Beziehung doch noch lebt, einzulassen.
Nach einem Jahr nimmt Sara die Frucht der neu erblühten Liebe in Gestalt eines Kindes in die Arme. Ihr verbittertes Lachen hat sich nun in ein befreites, freudiges Lachen verwandelt: »Gott hat dafür gesorgt, daß ich lachen kann. Alle, die davon hören, werden mit mir lachen. Noch nie hat Abraham es erlebt, daß ihm einer die Nachricht brachte: ›Deine Frau Sara stillt ein Kind.‹ Aber jetzt in seinem Alter habe ich ihm noch einen Sohn geboren!« *(1. Mose 21,6 und 7).*
Und nun bleibt Abraham und Sara nur noch eines: sich an der Frucht ihrer neuen Liebe, an ihrem Sohn Isaak zu erfreuen. Es heißt in *1. Mose 21,8*: »Isaak wuchs und gedieh. Als er von der Mutterbrust entwöhnt wurde, feierte Abraham mit seinen Leuten ein großes Fest.«

Zeit der gemeinsamen Ernte

Haben wir die Zeit der Lebensmitte für ein Paar vor allem als Zeit der Krise beschrieben, muß nun auch betont werden, daß es eine Zeit mit vielen Chancen sein kann, in der sowohl der einzelne Partner als auch das Paar Neues wagen können.

Wie uns die Geschichte von Abraham und Sara zeigt, kann die Zeit nach der Bewältigung der Krise in der Lebensmitte für Paare eine Zeit der Ernte sein. Nachdem ein Paar in der Aufbau- und Familienphase in der Regel gemeinsam sehr viel geleistet hat, könnte es sich nun auch die Früchte zugestehen. Blicken Paare einmal auf ihre gemeinsame Geschichte mit der Frage, was sie als Paar bis zur Lebensmitte bewältigt und geleistet haben, wird ihnen erst bewußt, wieviel sie für Familie und Kinder getan haben. Sie können sich dann die Erlaubnis geben, nun auch einmal für sich als Paar zu sorgen.
Das ist jetzt auch einfacher als in den vielfältigen Verpflichtungen der Familienphase. Die anstrengende und aufreibende Erziehungsarbeit ist abgeschlossen, die finanziellen Belastungen sind überschaubar, beruflich und sozial haben viele eine relativ gesicherte Position erreicht. Die Lebenssituation eines Paares kann sich äußerlich und nach innen entspannen. Viele Konflikte der Familienphase gehören der Vergangenheit an und belasten die Partnerschaft nicht mehr. Es kann ein Stück gelassener Ruhe einkehren und das Paar kann sich überlegen, wie es die gemeinsame Zeit der Ernte gestalten und leben möchte.

Für diese Zeit gibt es kein allgemein gültiges Vorbild oder Modell einer Partnerschaft, weil die Chance einer bewußt gelebten und gestalteten gemeinsamen

Zeit ab der Lebensmitte für Paare neueren Datums ist. Entscheidend ist vielmehr, daß sich die Partner offen über die Vorstellungen und Wünsche für diese gemeinsame Wegstrecke austauschen. In der Regel wird es auch unterschiedliche Vorstellungen geben, über die aber nur dann gesprochen und verhandelt werden kann, wenn sie ins Gespräch eingebracht werden. Bleiben die Erwartungen aber unausgesprochen, führt dies regelmäßig zu Enttäuschungen und zu einer weiteren Entfremdung zwischen den Partnern.

Männer haben meist sehr konkrete Wünsche und Vorstellungen und erhoffen sich gemeinsame Aktivitäten wie Reisen oder andere gemeinsame Unternehmungen. Frauen haben eher unbestimmte Sehnsüchte, die sie selbst nur schwer konkretisieren können. Sie wünschen sich eine gute Atmosphäre, mehr Zeit füreinander und die Bereitschaft zum Reden. Wenn sich die Partner gegenseitig auf ihre Hoffnungen und Erwartungen einlassen, kann gerade auch in der Unterschiedlichkeit etwas Gemeinsames entstehen. Man kann auch in einer gemeinsamen Unternehmung intensive Nähe erleben und umgekehrt kann ein interessantes Gespräch eine bereichernde Aktivität sein.

So entsteht für das Paar unversehens ein eigenes Modell für seine ganz besondere Beziehung jenseits der Lebensmitte. Manche Paare entdecken sich und ihre Gefühle füreinander sehr intensiv im Sinne eines »zweiten Frühlings«, in dem sie noch einmal eine

Phase der Verliebtheit erleben können. Andere Paare leben mit relativ großem Abstand zueinander. Wenige Berührungspunkte genügen, um das Gemeinsame zu pflegen und im Austausch der eigenen Erfahrungen die Bindung zu halten.

Im Idealfall könnte eine Partnerschaft, die in den Umbrüchen der Lebensmitte gereift ist, darin bestehen, daß sich nun zwei eigenständige Persönlichkeiten mit eigenen Lebensbereichen gegenseitig begleiten und sich mit ihren Erfahrungen bereichern. Es könnte jenseits der Lebensmitte eine angstfreie, gelassene und tolerante Liebe wachsen, die den anderen so lassen kann, wie er ist, und die ihn gerade darin schätzt. Es könnte eine Liebe sein, die weiß, was sie dem anderen verdankt und die nun auch die letzten Wegabschnitte mit dem anderen gehen will, weil sie wiederum weiß, daß es dafür niemanden Besseren gibt als den Partner, der die bisherigen Wege durch Höhen und Tiefen mitgegangen ist.

Können Paare so auf ihre bisherige Liebe zurückblicken, wird ihnen deutlich, was Abraham und Sara sehr konkret erfahren haben: Die Liebe ist mehr als ein romantisches Gefühl, mehr als ein angestrengtes Bemühen um die Partnerschaft – sie ist auch Glück und Geschenk, das dem Paar von außen zufällt. Darin hat die Liebe auch eine religiöse Dimension, die über die individuelle Liebe eines Paares hinausgeht und in der die Liebe eines Paares gehalten und aufgehoben ist.

Wenn die Liebe stirbt – Der schmerzliche Schritt einer Trennung

Zwei Seiten einer Münze: sich lieben und sich trennen

Wer sich verliebt und sich für einen Partner entscheidet, hat zunächst nur einen einzigen Wunsch, nämlich mit ihm zusammen zu sein und zusammen zu bleiben. Der Wunsch nach dieser unauflösbaren Einheit, so haben wir im ersten Kapitel gesehen, ist sehr mächtig. Viele, gerade auch junge Paare, haben den Wunsch, mit dem anderen alt zu werden, also ein Leben lang zusammen zu bleiben. Paare, die Kinder planen, wünschen sich schon alleine wegen der Kinder eine dauerhafte Partnerschaft.

Obwohl heute ein Drittel aller Ehen geschieden wird und wir dieses hohe Riskio, das für jede Ehe und Partnerschaft besteht, kennen und vielleicht rational sogar akzeptieren, leugnen wir dieses Thema in unserer Gefühlswelt für uns und unsere Partnerschaft. Es scheint uns wie Kindern zu gehen, die vor einer Gefahr die Augen verschließen: Was wir nicht sehen, existiert für uns nicht. Was nicht sein darf, darf es auch nicht geben. Wir schließen das Thema des Scheiterns und einer Trennung als reale Möglichkeit aus. Daß einer von uns beiden nein zum anderen und

nein zu unserer Partnerschaft sagen könnte, macht uns so viel Angst, daß wir auch das Nein, die Distanz, den Abstand in der Beziehung vermeiden.
Viele Partner wagen es nicht, zu einem Wunsch, zu einem Anliegen oder einem Bedürfnis des anderen offen nein zu sagen; zugleich sprechen viele ihre Wünsche nicht direkt aus, weil sie ein Nein des anderen befürchten. Das Nein in der Liebe ist ein heißes und sehr bedrohliches Eisen, das wir immer wieder ausklammern und verdrängen.
Dazu paßt auch das sogenannte neoromantische Beziehungsideal, von dem wir heute sehr geprägt sind. Es versteht die Liebe eines Paares als intensives Gefühl der Zuneigung, der gegenseitigen Anziehung und der erotischen Leidenschaft. Eine gute und glückliche Beziehung wird als Verliebtsein auf Dauer verstanden. Die romantischen Gefühle sollen nicht gestört werden durch Konflikte, Auseinandersetzungen oder Krisen in der Partnerschaft; auch langwierige, Geduld erfordernde Anstrengungen und Arbeit für die Beziehung steht nicht auf dem Programm des neoromantischen Ideals der Liebe.
Dem Ideal entsprechend besteht das eigentliche Ziel einer Partnerschaft darin, daß beide dauerhaft glücklich sind. Ein harmonisches Zusammenleben, eine beide Partner erfüllende, ständig bereite Sexualität, eine gemeinsam gestaltete vielfältige Freizeit und gemeinsamer Erfolg in Beruf und Familie sind von einer Partnerschaft selbstverständlich zu erwarten.

Das Nein hat in diesem Beziehungsideal, das uns unbewußt stärker beeinflußt als wir glauben, keinen Platz. Sogenannte »negative« Empfindungen und Gefühlsregungen wie Enttäuschung, Ärger, Wut, Neid oder Eifersucht werden aus der Beziehung verbannt. Aber weil diese Gefühle zum Gefühlshaushalt eines jeden Partners gehören und weil Enttäuschung und Ärger angesichts der überhöhten Ansprüche des neoromantischen Ideals vorprogrammiert sind, kommen diese Gefühlsbereiche unterschwellig wieder in die Beziehung hinein. Was wir in der Beziehung verdrängen, muß sich in ihr wieder melden; was wir ausklammern wollen, kommt auf Umwegen und durch die »Hintertür« wieder herein. Da wir nun mit diesen Gefühlen nicht offen umgehen, drängen sie sich unterschwellig trennend zwischen die Partner.

Es ist wie beim Wettlauf zwischen Hase und Igel: So sehr wir auch davonlaufen wollen, schon ist das bedrohliche Thema der Trennung und des Neins in der Liebe wieder da.

Dieses Thema ist deshalb ängstigend und so allgegenwärtig, weil wir hier wieder in unseren frühen Erfahrungen als Kind berührt sind.

Die erste schmerzliche Erfahrung in unserem Leben ist eine Trennungserfahrung. Wir müssen den schützenden Mutterbauch und die bergende Einheit mit der Mutter verlassen. Konkret und sinnbildlich wird uns dabei die Nabelschnur durchtrennt. Der Säugling muß in eine Welt hinaus, in der es Hunger, Kälte, Nässe, grelle Helligkeit und laute Geräusche gibt. Diese Vertreibung ist deshalb ein schmerzlicher, ängstigender Einschnitt. Auch die weitere Entwicklung des Kindes ist ein Kette von immer neuen Trennungen und Abschieden: das Kind wird abgestillt, verliert Schnuller und Windeln und beginnt sich dann im Wegkrabbeln und Laufenlernen abzulösen. Diese Abschiede und Trennungen haben immer auch die schmerzliche Seite des Verlustes in sich, die sich dann als Trennungsangst vor der nächsten Trennung bemerkbar macht. Die Trennungsangst eines Menschen ist dann sehr groß, wenn er in den frühen Abschieden nicht unterstützt wurde oder wenn er sehr schlimme Trennungserfahrungen wie den Tod eines Elternteils oder eines Geschwisterkindes erlebt hat.

Andererseits sind die normalen Ablösungen in unserer Biographie immer auch Schritte in größere Freiräume, in eine stärkere Eigenständigkeit und ins Erwachsenwerden. Neugierde, die Lust am Experimentieren und der Wunsch, etwas zu riskieren und bewältigen zu wollen, lassen in uns auch Trennungswünsche heranreifen. Wenn wir in unserer Kindheit dazu ermutigt und dabei gefördert wurden, ist unser Wunsch nach Autonomie und eigenständiger Entwicklung größer als unsere Trennungsangst, weil wir erlebt haben, daß der Gewinn an Autonomie den Verlust überwiegt.

In vielen Paarbeziehungen ist das Trennungsthema polarisiert. Der eine Partner vertritt eher den Pol der Trennungsängste, oft weil er in seiner Kindheit schlimme Trennungserfahrungen, zum Beispiel die Scheidung der eigenen Eltern erlebt hat. Für ihn ist die Partnerschaft auch ein Schutz gegen die Trennungsangst und gegen das damals als schrecklich empfundene Verlassensein. Der Paarvertrag heißt aus seiner Sicht: »Ich brauche dich, weil ich Angst habe, allein zu sein. Ohne dich bin ich verloren.« Für ihn wäre eine Trennung schrecklich; es wäre für ihn ein Zerbrechen einer symbiotisch gelebten Einheit mit dem Partner. Das führt dazu, daß er sich an den anderen klammert, um ihn nicht zu verlieren. Er tut auch alles, um das Thema Trennung zu vermeiden, indem er sich zum Beispiel dem anderen anpaßt.

Das lädt aber den anderen dazu ein, den anderen Pol zu den Trennungswünschen einzunehmen. Er muß als Gegenreaktion die Seite der Freiräume, des Abstandes und der Eigenständigkeit betonen. Fühlt sich dieser Partner in der Beziehung eingeengt, unzufrieden oder unglücklich, wird er – ausgesprochen oder unausgesprochen – die Möglichkeit einer Trennung in Betracht ziehen, ist Trennung für ihn ein zwar schmerzlicher, aber auch befreiender Schritt zu neuen Lebensmöglichkeiten. Er wird sich zum Beispiel sagen »Ich muß gehen, sonst ersticke ich in dieser Partnerschaft.«

Der andere kann diese Überlegungen nicht verstehen, bedeutet ihm doch die Partnerschaft noch so viel. Für den, der den Pol der Trennungsängste vertritt, ist eine Trennung nicht nur ein äußerer Verlust, sondern eine Katastrophe, weil er das Gefühl hat, daß ihm ein Teil seiner selbst ausgerissen und genommen wird. Für ihn bricht die gemeinsame Welt und damit die ganze Welt zusammen.

Gelingt es einem Paar nicht, in der Beziehung immer wieder Freiräume und inneren Abstand voneinander zu gestalten, ist der eben beschriebene Prozeß ein häufiger Grund für äußere Trennungen. Die äußere Trennung ist dann der Versuch, das herzustellen, was in der Beziehung nicht möglich war. Deshalb ist es so nötig, daß Paare dem Nein ein Wohnrecht in der Beziehung verleihen. Das Nein gehört in die Liebe, damit es nicht zu einem Nein gegen die Liebe wird. Trennung muß bewußt in der Beziehung gelebt werden, damit die Partnerschaft nicht äußerlich getrennt wird.

Es darf und muß Zeiten geben, in denen die Partnerschaft für einen Partner weniger wichtig ist, weil zum Beispiel ein berufliches Engagement im Vordergrund steht. Es darf und muß Zeiten geben, in denen sich ein Partner zurückziehen kann, ohne daß das beim anderen sofort Trennungsängste auslöst. Zeiten, in denen eine Partnerschaft weniger intensiv und dicht ist, sind zum einen ganz normal, zum andern sind sie auch nötig, damit die Partner auch das Eigene pflegen können. Jeder Partner sollte die Zeiten und Räume haben, auch einmal alleine mit sich zu sein. Hier ist es hilfreich, dem anderen mitzuteilen, daß man jetzt gerade Zeit für sich braucht, damit der andere weiß, woran er ist und sich in seiner Planung darauf einstellen kann. Das könnte sich etwa so anhören: »Ich brauche den heutigen Abend für mich. Wir können morgen wieder etwas zusammen machen«, oder »Ich mache noch allein einen Spaziergang. Ich bin in zwei Stunden wieder da.« Es gibt Angelegenheiten wie zum Beispiel die Auseinandersetzung mit den eigenen Eltern oder auch mit Kollegen, die wir zunächst für uns alleine durchdenken oder auch ganz mit uns ausmachen wollen. Paare brauchen neben den gemeinsamen Bereichen auch eigene Bereiche zum Beispiel in der Freizeit oder eigene Bekannte und Freunde, mit denen auch etwas außerhalb der Partnerschaft erlebt werden kann. Wichtig ist hier, daß Frauen ihre Freundinnen und Männer ihre Freunde haben, damit jeder Partner mit seinem eigenen Geschlecht in Kontakt bleibt und eine Freundschaft erlebt, die etwas anderes ist als Partnerschaft.

Abstand und Freiräume in einer Partnerschaft sind also auch eine Chance, daß jeder bei sich bleiben kann, das Eigene pflegen und seine Autonomie bewahren kann. Soll es nicht zu einer äußeren, juristisch zu regelnden Scheidung kommen, braucht es in einer Partnerschaft eine psychologische Scheidung vom anderen, in der wir uns vom anderen ein

Stück zurücknehmen und uns wieder auf uns selbst zurückziehen. Es geht immer wieder um eine psychologische Unter-Scheidung vom anderen, bei der ich den anderen anders sein lassen kann und ich wieder mehr ich sein kann.

Ohne Trennung gibt es kein Leben. Jedes Wachstum kommt nach der Verschmelzung von Ei- und Samenzelle durch Zellteilung zustande. Unsere psychische Entwicklung zu einer erwachsenen Person ist nach der verschmelzenden Symbiose mit Mutter und Vater eine Kette von vielen kleinen Trennungen und Abschieden.

Gleiches gilt auch für die Partnerschaft. Nach der Verschmelzung in der Verliebtheitsphase sind für die Entwicklung einer Beziehung immer wieder kleine Abschiede und Trennungen in der Partnerschaft nötig. Nach jedem distanzierenden Entwicklungsschritt kann das Paar auf einer neuen, reiferen Ebene wieder Nähe erleben.

Die Trennung, das Nein in der Partnerschaft eröffnet neuen Raum zum Atmen. Der Abstand in der Beziehung dient der Vorbereitung für eine neue Phase der Nähe, denn es gilt natürlich auch, daß es kein Leben ohne Verschmelzung und Nähe gibt. Distanz und Nähe gehören also unauflösbar zusammen und bilden für jedes Paar eine spannungsvolle Polarität, die es immer wieder neu auszutarieren gilt. Diese zentrale Beziehungsaufgabe ist sicherlich nicht ganz einfach, aber ungeheuer reizvoll und aufregend. Wenn Paare sich auf diese abenteuerliche Spannung einlassen, bleibt ihre Beziehung lebendig und offen für neue Entwicklungen. Das Nein in der Liebe verliert dann auch seinen bedrohlichen Charakter, weil es Teil der Polarität von Nähe und Distanz ist.

Das Nein in der Liebe schafft neuen Raum für die Liebe, weil im bejahten und von beiden bewußt gewollten Abstand sich neue Spannung und neue Anziehung aufbauen kann. Nur was unterschiedlich und anders, ja sich fremd ist, kann wieder reizvoll, anziehend und bezaubernd sein.

Jede Trennung und jeder Abschied in der Liebe eröffnet wieder den Raum für den Zauber eines Anfangs – sicherlich nicht mehr den des ersten Anfangs des Verliebtseins, aber vielleicht – und das ist auf dem langen Entwicklungweg der Liebe wesentlich – eines Anfangs für eine neue Weise des Liebens.

Das Nein gegen die Liebe

Und doch gibt es Entwicklungen in Paarbeziehungen, in denen sich das Nein gegen die Person des anderen und gegen die Partnerschaft selbst richtet. Das Nein entwickelt dann destruktive Kräfte, die vom Paar nicht mehr in der Beziehung aufgefangen und fruchtbar gemacht werden können.

Blicken wir auf ein biblisches Paar, das eine bittere

Trennungsgeschichte erlebt. Dabei hat es mit David und seiner ersten Frau Michal *(1. Samuel 18 und 19; 2. Samuel 6,16-23)* so gut angefangen. Das noch junge Paar hätte zu einem Traumpaar werden können. David ist noch nicht König; er kämpft um seinen Aufstieg gegen Saul, den Vater Michals. Aber alle Chancen liegen auf Seiten des jungen, waghalsigen Draufgängers. Michal liebt David überschwenglich. Nirgendwo sonst in der Bibel wird dies so ausdrücklich mehrmals vermerkt. Sie liebt in ihm den unbeschwerten, aber doch zielstrebigen Jungen. Sie ist von seiner Jugendlichkeit so fasziniert, daß sie David gegen ihren Vater, den alternden Herrscher unterstützt.

Auch David scheint Michal über alles zu lieben. Um den von Saul geforderten Brautpreis zu erbringen, risikiert er in einer Schlacht Kopf und Kragen für sie. Aber tut er dies nur für sie und nicht auch für seinen Aufstieg zur Macht? Hat er einmal die Tochter seines Widersachers erobert, wird ihm die Macht bald schon in den Schoß fallen. Er benützt Michal für seine Absichten; auch der Vater Michals funktionalisiert seine Tochter für seine politischen Pläne. Darin liegt für die Beziehung der beiden schon der Keim des Scheiterns. Aber auch Michals Liebe scheint nicht ganz frei von eigennützigen Motiven gewesen zu sein. Im Sog des jungen Helden und mit der Kraft der Verliebtheit lehnt sie sich gegen den Vater auf. Zugleich möchte sie einen Mann, der wie ihr Vater

König und der damit dem Vater gleichen wird. Sie braucht David also für ihre Ablösung von ihrem Vater. Auch noch heute ist dies ein häufiges, aber oft auch in eine spätere Trennung mündendes unbewußtes Motiv der Partnerwahl.

Man könnte den unbewußten Paarvertrag aus Michals Sicht so formulieren: »Ich brauche dich. Führe mich aus dem Schatten meines Vaters und mache mich zur erwachsenen Frau.« Er braucht sie ebenfalls: »Verhilf mir zu meinem Aufstieg und mache mich zu einem erwachsenen Mann.«

Doch sehr lange trägt dieser Paarvertrag nicht. Zwar rettet Michal David das Leben, aber dies ist vorerst der Schlußpunkt in der Beziehung der beiden. Mit einer List verhilft sie ihm vor den heranstürmenden Häschern Sauls zur Flucht.

David flieht nicht nur vor dem despotischen Schwiegervater, sondern auch vor Michal. David hat nur noch seine militärischen Abenteuer im Kopf. Er bleibt der jugendliche Held; ein Mann, der zu seiner Frau steht, war er durch die Heirat mit Michal nicht geworden. Auf seinen Kriegszügen nimmt er sich zwei andere Frauen.

Aber auch Michal war durch die Ehe mit David nicht dem Bannkreis des Vaters entkommen. Wieder allein, fällt sie an den Vater und dessen patriarchalen Machtbereich zurück. Er vergibt sie – wie damals üblich – an einen Mann seines Gefallens.

War das das Aus, die endgültige Trennung? Nicht

ganz. Damals wie heute sind Trennungsgeschichten oft unendliche Geschichten. David und Michal wollen es noch einmal miteinander versuchen. Aber auch dieser Versuch ist von vornherein nicht sehr aussichtsreich. David will Michal wieder als Ehefrau, weil er doch damals den Brautpreis erbracht hatte; Michal wird für sich die Chance gesehen haben, über David wieder in das Königshaus zu gelangen. Vielleicht erinnern sich beide auch an die schöne alte Zeit ihres ersten begeisterten Verliebtseins, das sie trotz der Vorkommnisse wieder aufleben lassen wollen. Sie knüpfen dabei an den alten Beziehungsvertrag an, als wäre nichts geschehen. Das kann natürlich nicht lange gutgehen.

Als David in einem Triumphzug in die von ihm neu eroberte Stadt Jerusalem einzieht, zeigt er noch einmal seine ganze jugendliche Überschwenglichkeit. Er tanzt, nur leicht beschürzt, auf den Straßen Jerusalems mit dem begeisterten Volk, vielleicht auch, um den Frauen unter den Mittanzenden zu gefallen, wie Michal ihm nachher vorwerfen wird.

Michal beobachtet diese Szene, und dann heißt es kurz und lapidar »und sie verachtete ihn in ihrem Herzen« *(2. Samuel 6,16)*. Als David in seiner euphorischen Begeisterung nach Hause kommt, empfängt sie ihn mit kalter Ironie. Das ist das Ende des Paares. Von Michal heißt es, daß sie bis an den Tag ihres Todes keine Kinder gebären sollte. Damit ist die Beziehung zwischen David und Michal gestorben.

Die Verachtung ist der letzte Anstoß für den schlimmen Ausgang dieser Paargeschichte. Dabei verachtet Michal genau das, was sie an David einst so fasziniert hatte, nämlich seine Jungenhaftigkeit, Spontaneität und machtbewußte Zielstrebigkeit.
Die Verachtung ist auch heute für viele Paare der emotionale Schlußpunkt, an dem es meist keine andere Lösung mehr gibt als die Trennung. Häufig ist auch die Gleichgültigkeit und Entfremdung zwischen einem Paar mit einer unterschwelligen Verachtung und Abwertung vermischt.
Spätestens mit der Verachtung stirbt aber die Liebe. Die Liebe ist langmütig, aber sie erträgt nicht alles, schon gar nicht die Verachtung oder geringschätzende Abwertung. In der Verachtung existiert der andere schon gar nicht mehr; in der eigenen Feindseligkeit sieht man den anderen Partner nicht mehr als Mensch mit seinen unverwechselbaren Eigenschaften. Er ist nur noch die gesichtslose Zielscheibe der Verachtung. Zugleich berichten viele aber auch, daß sie mit dieser Haltung das eigene Innere vergiften. Sie können nicht verstehen, daß sie so werden konnten; sie verlieren nicht nur die Achtung vor dem anderen, sondern auch vor sich selbst.
Hinter der Verachtung steht eine massive Enttäuschung. Die Partner meinen nicht nur, daß sie sich im anderen getäuscht haben, sondern daß der andere sie aktiv und bewußt getäuscht hat. Der so Enttäuschte fühlt sich um für ihn zentrale Lebensinhalte

betrogen. Die Enttäuschung gewinnt deshalb so sehr an Dynamik, weil es immer auch die Enttäuschung des Kindes in uns ist, das nicht das vom anderen bekommen hat, was es zum Leben oder gar Überleben gebraucht hätte. Es fühlt sich so sehr vom anderen verraten und verlassen, daß es um sein eigenes Überleben fürchten muß.

Diese Verzweiflung schlägt leicht in Haß um, der aber in sich noch die Glut der gekränkten Liebe trägt. Deshalb gehört er auch als dunkler Bruder zur Liebe. So heißt es im Alten Testament, daß das Lieben und das Hassen seine Zeit hat *(Prediger Salomo 3,8)*. Der Haß selbst muß nicht das Ende der Liebe sein, aber er ist ein letzter, verzweifelter Impuls für das Paar, die Partnerschaft kurz vor deren Ende noch zu retten. Vielleicht gelingt es dem Paar, im Hassen innezuhalten und zu sehen, an welcher zentralen Stelle die Partner und die Beziehung verletzt ist. Damit sich die Partner vom Haß und der Verachtung distanzieren und begreifen, was da geschieht, braucht das Paar in der Regel Hilfe von außen. Kann das Paar in der Paarberatung verstehen, daß im Haß der Kern der – freilich enttäuschten und gekränkten – Liebe steckt, kann das Paar die Enttäuschung und Kränkung im Haß aufspüren und die Liebe wieder aus dem Haß befreien. Der Haß, das kann nicht deutlich genug gesagt werden, ist nicht der Tod der Liebe, er ist vielmehr der letzte glühende Versuch, den Partner und seine Liebe noch zu gewinnen.

Aber weil der Haß – wie die Liebe oft auch – blind ist, trifft er in seinen verletzenden Äußerungen den anderen meist im Zentrum seiner Person. Im Haß kann der Betroffen meist nicht zwischen der eigenen tiefen Enttäuschung und der Person des Partners, der der Auslöser der Enttäuschung ist, differenzieren. Der andere kann dann im Ausbruch des Hasses nicht mehr den sehr versteckten Kern der Liebe entdecken. Gegenseitige Verletzungen unter der Gürtellinie, Abwertungen oder ironische Angriffe eskalieren dann schnell.

Um sich zu schützen, muß jeder zur Verachtung greifen, die den anderen zu Unperson macht, die einem nichts mehr bedeutet und die einen deshalb auch nicht mehr treffen und verletzen kann. Es ist das bittere Ende einer Beziehung, in der einem der andere ursprünglich alles bedeutete. Wollen sich die Partner nicht weiter »zerfleischen«, ist eine Trennung unumgänglich und oft eine befreiende Lösung.

Die gegenseitige Verachtung entsteht aber auch in den Fällen, in denen sich ein Partner gegen den Willen des anderen trennt. Beim Verlassenen sind die Enttäuschungen und Schmerzen so groß, daß auch hier die Verachtung ein Selbstschutz ist. Der Verlassene kann sich in seiner Verachtung sagen, daß der andere im Grunde nichts wert ist und er ihm deshalb nicht nachzutrauern brauche. Die Verachtung ist hier oft ein Ersatz für einen schmerzlichen Abschieds- und Trauerprozeß. Aber auch der sich Tren-

nende braucht oft wegen seiner Schuldgefühle eine weitere Rechtfertigung für seine Trennung. Deshalb entwertet er den Partner mit seiner Verachtung.
Die harten Auseinandersetzungen um das Sorge- und Besuchsrecht der Kinder, um Wohnung oder Haus und um die Finanzen tragen das Ihre zu den Eskalationen bei.
Eine äußere Trennung kann also auch scheitern, weil eine äußere Trennung zu ihrem Gelingen eine innere Trennung braucht. Das wird von vielen im Wunsch nach einer äußeren Trennung nicht bedacht. Es scheint so, daß häufig die äußere Trennung und der nach der Trennung fortdauernde Kampf ein Ersatz für eine innere Trennung ist.

Die Kunst des Sich-Trennens

Eine Trennung ist kein einzelner Schritt, sondern hat eine lange Vorgeschichte mit inneren Kämpfen und langen Auseinandersetzungen zwischen den Partnern; genauso hat eine Trennung eine lange Nachgeschichte, weil dieser schmerzliche Schritt viel Zeit zu seiner Bewältigung braucht.
Wie in einer Partnerschaftskrise geht es auch bei der Trennung darum, daß die Beteiligten ihren Schmerz und ihre Trauer zulassen und nach außen bringen. Die Auseinandersetzungen, die auch zwangsläufig zu einer Trennung gehören, eskalieren häufig auch

deshalb, weil die Partner damit den Schmerz und die Trauer über die Trennung zudecken und verdrängen können.
Auch der, der sich aktiv trennt, muß Abschied nehmen von einer langen gemeinsamen Geschichte, die ihm einmal viel bedeutet hat. Auch er muß die Trennung verarbeiten, sollen sich in einer neuen Beziehung die alten Themen nicht wieder neu belastend wiederholen. Das wird auch bei David deutlich, der seine alten Beziehungsthemen nicht gelöst, sondern sie in seine weiteren schwierigen Beziehungsgeschichten – die mit Batseba kennen wir schon – hineingetragen hat.

Der Verlassene erlebt nicht nur den Verlust der Beziehung und des Partners, sondern oft hat er das Gefühl, daß ihm ein Teil seiner selbst und seines Lebens gegen seinen Willen geraubt wurde. Hier ist er in seinem Selbstwertgefühl und in seinem Vertrauen zu sich selbst und zu anderen ganz zentral getroffen. Und es dauert oft lange und bedarf vieler kleiner Schritte, den eigenen Wert auch ohne den Partner wieder zu entdecken und zu entwickeln. Die Gefahr für den Verlassenen besteht darin, daß er in der Verachtung, die dann meist auch Selbstverachtung ist, und in einer Verbitterung zurückbleibt, in der er sich dem Leben verweigert. In der Geschichte von David und Michal wird die Gefahr symbolisch als die Unfähigkeit Michals, neues Leben zu gebären, beschrieben. Nach dem endgültigen Tod ihrer Liebe zu David hat sie sich selbst und dem Leben gegenüber verschlossen.

Damit es mit beiden, dem Verlassenen und dem sich Trennenden gut weitergehen kann, ist aber eine innere Trennung und ein innerer Abschied vom anderen nötig. Trauer und Wut bringen den Abschiedsprozeß auf der emotionalen Ebene voran. Wer diese Gefühle in sich mit der ganzen Intensität zuläßt, spürt, daß sie dann allmählich von selbst nachlassen. Aber zugleich dürfen Trauer und Wut nicht zum Selbstzweck werden, die die Trennenden festhalten und in denen sie sich schließlich als Grundbefindlichkeit ihres Lebens einrichten.
Das rationale Verstehen der Trennung hilft den Partnern, erste Schritte aus dem Schmerz und Zorn heraus zu tun. Dazu müssen beide die eigenen Anteile am Scheitern der Partnerschaft sehen und akzeptieren. Noch ein Stück weiter führt auch hier die Frage, welche unerfüllten Sehnsüchte und Bedürfnisse aus der eigenen Kindheit hinter dem Scheitern der Partnerschaft stehen. Ihnen kann man sich nun ohne Rücksicht auf einen Partner zuwenden. Eine Therapie oder psychologische Beratung kann den Betroffenen in der Aufarbeitung begleiten und unterstützen. Problematisch dagegen ist es, die in der gescheiterten Beziehung ungelösten Bedürfnisse des Kind-Ichs in eine nächste Beziehung einzubringen oder

mit einer nächsten Partnerschaft zuzudecken, weil auch ein neuer Partner diese alten Themen nicht lösen kann.

Ein wesentlicher Schritt zur inneren Ablösung wird von den Partnern getan, wenn sie im Rückblick auf den gemeinsamen Weg auch die schönen Zeiten erinnern und im Blick auf den anderen auch dessen positiven Seiten wieder sehen können. Es versteht sich von selbst, daß solche Prozesse über mindestens zwei bis drei Jahre hinweg dauern.

Der wertschätztende Blick auf den ehemaligen Partner ist besonders dann wichtig, wenn das Paar Kinder hat, denn diese tragen die Anteile des ehemaligen Partners in sich und sie lieben den anderen als Vater oder Mutter. Nur wenn sich die Partner auch nach der Trennung allmählich wieder achten können, können die Kinder den anderen als Vater oder Mutter achten und ihn – was für die Entwicklung der Kinder sehr wichtig ist – als Vater oder Mutter vorbehaltlos lieben. Auch nach einer Trennung als Paar bleiben die ehemaligen Partner auf der Elternebene über die Kinder miteinander verbunden. Wenn sie weiter als Eltern zusammenarbeiten können, werden die Kinder sie auch weiterhin als Eltern erleben.

Auf der Paarebene aber müssen sich die Partner voneinander verabschieden. Die eigene Ablösung vom anderen ist fast schon gelungen, wenn man ihn seine eigenen Wege gehen läßt und ihm dabei alles Gute wünschen kann, denn dann ist man umgekehrt auch

bereit, die eigenen Wege zu gehen und Gutes zu finden.
Das Schwierigste einer gelingenden, also inneren Scheidung aber ist es, daß wir etwas sehr Schmerzliches anerkennen müssen, nämlich daß wir selbst in dieser Partnerschaft vom Liebenden zum Hassenden oder vom Liebenden zum Lieblosen geworden sind. In einer Trennung – aber auch in jeder bewußt gelebten Partnerschaft – müssen wir einsehen, daß wir in unserer Fähigkeit zu lieben an Grenzen gestoßen sind und daß es in uns verleugnete dunkle Seiten gibt. Erst wenn wir diese Schattenseiten von Haß, Verachtung und Gleichgültigkeit in uns selbst sehen und in uns akzpetieren können, brauchen wir es dem anderen nicht mehr vorzuwerfen oder noch lange nachzutragen. Erst wenn wir uns diese Aspekte selbst verzeihen, können wir sie vielleicht auch dem anderen verzeihen. Dies aber ist Voraussetzung dafür, daß wir den anderen ganz loslassen und uns wieder dem eigenen Leben zuwenden können.
Damit sind wir wieder am Ausgangspunkt: sich lieben und sich trennen, sich lieben und den anderen immer wieder loslassen, gehören zusammen.
In einer der schmerzlichsten Situationen der Bibel ereignet sich intensivste Nähe, die eigentlich nur mit dem Wort Liebe zu umschreiben ist; und diese schönste »Liebesszene« in der Bibel ist zugleich wieder eine Trennungs- und Abschiedsszene. Maria Magdalena, die wohl die engste Wegbegleiterin Jesus

war, will an seinem Grab ein letztes Mal von dem Toten Abschied nehmen. Da erscheint ihr Jesus. Nur zwei Worte wechseln die beiden, aber in ihnen liegt mehr Nähe als in größten Liebesschwüren:
»Maria! sagte Jesus zu ihr. Sie wandte sich ihm zu und sagte: Rabbuni! Das ist hebräisch und heißt: Mein Lehrer!« *(Johannes 20,16)*. Einen Augenblick ist diese intensive Nähe noch einmal da, die sie auf ihrem gemeinsamen Weg verbunden hat.
Dann aber müssen sich die beiden trennnen. Dies fällt beiden nicht leicht. Gerne würden sie sich behalten und diese Liebe auch leben. So ist es fast schon eine ängstliche Bitte, wenn Jesus zu Maria sagt: »Halte mich nicht fest!« *(Johannes 20,17)*.
Jesus kehrt in den himmlischen, sie in den irdischen Bereich zurück. Die Liebe ist – so könnte man sagen – ein himmlische Macht, aber sie will auf Erden gelebt werden. Und solange wir sie als irdische Liebe leben müssen, wird es unter den Liebenden auf Erden immer wieder schmerzliche Trennungen geben, wird die Liebe nicht ewig sein und wird die Liebe zwischen Mann und Frau auch immer wieder sterben.

Die Fülle der Liebe am Ende des Weges? Das Paar im Alter

Zwei unter einem Dach

Die Phase des Alters beginnt für ein Paar mit einem gravierenden Einschnitt, dem vor allem Frauen mit Bangen entgegen sehen. Die Pensionierung oder Berentung des Partners verändert die Partnerschaft grundlegend und wird sie bis zum Tod von einem der Partner prägen. Daher stellt dieser Einschnitt weitreichende Weichen für das Zusammenleben eines Paares im Alter dar und sollte von beiden Partnern sehr bewußt gestaltet werden.

Die Frau hat sich in der Regel nach der Familienphase ihr eigenes Leben sehr vielfältig gestaltet und eingerichtet. Da gibt es Kontakte zu Nachbarn, Freunden und Bekannten. Ein ehrenamtliches Engagement oder eine Teilzeitbeschäftigung bringt vielen Frauen nicht nur Spaß und Anerkennung, sondern fordert auch Energie und Zeit. Auch die Beziehung zu den eigenen Kindern oder Enkelkindern wird in dieser Lebensphase von den Frauen intensiver als von ihren Partnern gelebt.

Viele Männer sind dagegen in ihren letzten Berufsjahren noch stark engagiert und vom Beruf in Beschlag genommen, oft auch, weil mit dem Älterwer-

den der Beruf die Konzentration aller Kräfte erfordert. Für sie ist das Ende des Berufs meist ein schwerer Verlust, den sie sich kaum eingestehen und den sie auch selten betrauern. Andererseits haben nicht wenige Männer auf berufliche Niederlagen oder Mißerfolge mit Resignation oder Verbitterung reagiert. Sie sehnen die Berentung herbei und erhoffen sich das »wahre« Leben nun von der Rentenzeit.
In beiden Fällen wird von der Partnerschaft sehr viel erhofft. Die Partnerschaft soll nun für die harte und entbehrungsreiche Arbeit entschädigen. Viele Männer glauben, daß ihre Frau auf sie wartet und für sie bereitsteht. Was früher angeblich wegen des Berufs nicht möglich war, soll nun plötzlich funktionieren: gemeinsame Unternehmungen, das Teilen gemeinsamer Interessen oder Kontakte zu Bekannten und Freunden. Enttäuscht müssen viele Männer nun zur Kenntnis nehmen, daß ihre Frau mit ihrem eigenen, vielfältigen Leben beschäftigt und damit auch zufrieden ist. Für viele Frauen ist die ständige Präsenz ihres Mannes störend, auch weil er ihren gewohnten Tagesrhythmus und ihre Alltagsorganisation durcheinanderbringt. Zwar fordern Frauen die Beteiligung und Mitarbeit ihres Partners im Haushalt ein, aber zugleich empfinden sie ihren Mann als Eindringling. War für die Frau klar, wie die Küche aufzuräumen ist, wie der Garten gepflegt oder was einzukaufen ist, so macht der Partner nun alles ganz anders, weil er es für geschickter und besser hält. Waren das bisher

ihre Ressorts und Bereiche, will er nun mitreden oder sie sich zu eigen machen. Hatte sie bisher ihre Freundinnen ohne Rücksicht auf ihn zum Frühstück eingeladen, muß sie das nun mit ihm abstimmen. War sie bisher einfach spontan in die Stadt zum Einkaufen oder Bummeln gefahren, ärgert das ihren Mann, weil sich das Mittagessen verschiebt.

Viele Paare machen sich die einfache Tatsache nicht klar, daß sie nun zum erstenmal ständig und auf Dauer unter einem Dach zusammenleben. Allein das ergibt viele Möglichkeiten für Reibungen und Konflikte. Fühlt die Frau sich dabei von ihm eingeschränkt und angebunden, er sich als unerwünscht und störend, wird sich auf der Beziehungsebene eine polarisierende Dissonanz einstellen, die – wie für viele Paare im Alter kennzeichnend – zum alltäglichen Kleinkrieg führen kann.

Die Partner brauchen zunächst Zeit, um sich auf die veränderte Situation und auf den anderen einzustellen. Ein erster Schritt ist das Gespräch über die unterschiedlichen Erwartungen an das gemeinsame Leben im Alter. Die Partnerin kann dann erklären, warum ihr die bisherigen Aktivitäten weiter wichtig sind; der Mann muß vielleicht die eine oder andere überhöhte Erwartung korrigieren. Für den Mann ist es eine wesentliche Aufgabe, eigene Interessen, eigene Betätigungsfelder zu entwickeln und Dinge allein zu unternehmen. Sie darf ihre errungene Freiheit

nicht einfach opfern, sondern sie muß sie sehr bewußt weiterpflegen, auch wenn sie das eine oder andere Mal zurückstecken wird.
Eine Frau so um die siebzig erzählt, daß sie gerne ganz allein stundenlang spazierengeht und daß sie ihren Mann ganz bewußt nicht zu ihrem Literaturkreis mitgenommen hat. Sie erzählt dann, was dort gerade gelesen und diskutiert wird, aber es bleibt ihre Gruppe und es sind ihre Bekannten, mit denen sie eine besondere Geschichte hat.

Gerade weil das Paar nun ständig zusammensein wird, sind Freiräume und eigene Bereiche für das Paar sehr wichtig. Das kann sich konkret in der Raumaufteilung der Wohnung oder des Hauses darin zeigen, daß jeder ein Zimmer für sich hat, in das er sich ohne ausführliche Begründung zurückziehen kann.
Es gibt nun auch genügend Zeiten – die Mahlzeiten, die langen Winterabende oder die Sommerabende auf der Terrasse – die ein Paar teilen kann. Jeder kann dann ins Gespräch einbringen, was er in seinem Bereich erlebt und erfahren hat. In die Welt hinauszugehen, ob allein oder zu zweit, bringt die nötige Luft und Freiheit in die Partnerschaft. Paare sollten dies so lange als möglich tun. Es wird bald die Zeit kommen, in der Krankheiten oder Gebrechen sie noch stärker aneinander und ans Haus binden werden.

Gemeinsam alt werden

Fragt man junge Paare, was sie sich von ihrer Partnerschaft erhoffen, antworten fast alle mit demselben Wunsch, nämlich zusammen alt zu werden. Die Vorstellung, allein zu altern, macht Angst. Das ist im übrigen auch ein wesentlicher Grund dafür, daß sich ältere Alleinlebende noch einmal einen Partner suchen und oft auch noch einmal mit jemandem zusammenziehen oder heiraten. Zugleich haben viele Paare ideale Vorstellungen von der letzten gemeinsamen Zeit. Doch die Realität älterer Paare sieht häufig nicht so ideal wie in den Träumen jugendlicher Paare aus. Eine Schwierigkeit besteht darin, daß die Altersprozesse zwischen den Partner häufig sehr unterschiedlich verlaufen. Viele Frauen haben das Älterwerden schon in den Wechseljahren und mit der beginnenden Menopause eingeübt. Sie können meist offener mit dem Älterwerden umgehen. Männer dagegen verleugnen das Altwerden lange Zeit; oft wehren sie sich gegen die ersten Anzeichen des Alters.
Eine fünfundsechzigjährige Frau erzählt von ihrem Mann, daß dieser jeden Tag stundenlang wie ein Hochleistungssportler mit dem Rennsportrad seine Strecken fährt, daß er bei Festen vorzugsweise mit Jüngeren zusammen ist und sie oft links liegen läßt. Er läßt sich offensichtlich nicht auf sein Älterwerden ein. Er überfordert sich selbst und verliert dabei auch den Kontakt zu seiner Frau.

Gemeinsam älter werden könnte heißen, gemeinsam in den Spiegel zu schauen und mit einem traurigen und einem lächelnden Auge festzustellen, daß beide Falten ins Gesicht bekommen, daß bei beiden die Haaren grauer oder weniger wurden und daß beide einige Pfunde um den Bauch zugelegt haben. Das Altwerden mit seinen Einschränkungen und Wehwehchen betrifft beide Partner. Wenn jeder das bei sich sehen und zulassen kann, dann kann er es auch dem anderen zugestehen und ihn ein wenig trösten oder aufmuntern. Die Partner könnten sich und dem anderen sagen: »Wir beide werden älter. Der eine da, der andere dort ein bißchen schneller. Wir können und wollen das Älterwerden nicht verhindern, aber wir können uns dabei gegenseitig unterstützen. Es ist gut, daß wir uns beide haben und es gemeinsam tragen und ertragen können.«

Die Liebe kann hier die Dimension der gegenseitigen Fürsorge gewinnen, mit der jeder auf den anderen achtet und ihn in seinen nachlassenden Kräften unterstützt.

Manches Paar im Alter kann darüber auch wieder eine vertiefte Form der Nähe und Zärtlichkeit finden, zu der auch die Sexualität gehört. Befragungen haben mit alten Vorurteilen aufgeräumt und gezeigt, daß Sexualität bis ins höchste Alter weiterhin bedeutsam ist und daß sie sich im Erleben weniger verändert als gemeinhin angenommen.

Ein siebzigjähriger Witwer erzählt, daß er mit seiner

neuen Partnerin zum erstenmal in seinem Leben die Sexualität in einer großen Intensität und Vielfältigkeit erlebt. Für ihn ist die späte sexuelle Erfahrung ein völlig unerwartetes Geschenk.

Alte Paare erleben ihre Sexualität oft als gemeinsam eingeübtes gutes Rital der Nähe, bei dem das Paar auf der körperlichen Ebene etwas gemeinsam genießen und der eine dem anderen etwas Gutes tun kann.

Eine dreiundsiebzigjährige Frau beschreibt die Sexualität mit ihrem Mann so: »Wir lassen uns sehr viel Zeit, und es geht jetzt ruhiger vor sich, aber es ist schöner als je zuvor. Ich kenne meinen Körper besser und kann besser sagen, was ich mag. Und mein Mann kann sich nun darauf einstellen. Er schaut nicht mehr nur darauf, daß er zu seinem Recht kommt. Ja, wir haben lange Zeit gebraucht, bis wir mit uns im Bett so weit gekommen sind, aber jetzt ist es wirklich gut so.«

Sexualität wird zu einer gemeinsamen Erfahrung ohne Eile oder Leistungszwang. Eine vorübergehende Impotenz von ihm oder die zeitweilig ausbleibende Scheidenflüssigkeit von ihr sind keine Mißerfolge mehr, sondern Impulse, sich einander zärtlicher und mit mehr Geduld körperlich zuzuwenden. Sexualität und Zärtlichkeit ist keine Frage des Alters, sondern der Behutsamkeit und Offenheit, mit denen sich die Partner begegnen.

Eine ernsthafte Erkrankung, eine schwere Operation mit lange nachwirkenden Komplikationen oder massive Einschränkungen durch die zunehmende Gebrechlichkeit verstärken die gegenseitige Bezogenheit eines Paares im Alter noch ein weiteres Mal. Häufig wird ein Partner mehr oder weniger pflegebedürftig, der andere zur Pflegeperson. Der zur Pflegende erlebt diese Abhängigkeit oft als erniedrigend und beschämend. Groll, Ärgerlichkeit und Bitternis sind angesichts der Einschränkungen sehr verständlich, machen es dem Partner aber nicht leicht, sich fürsorglich um ihn zu kümmern. Manche der zu Pflegenden lassen sich gehen oder üben mit ihrer Pflegebedürftigkeit auch Druck auf den Partner aus, der es ihm zum Beispiel recht machen will und dies doch nicht gelingen kann, weil der zu pflegende Partner unzufrieden mit sich und seiner gesundheitlichen Situation ist.
Der Pflegende fühlt sich vom Partner häufig so stark in die Pflicht genommen, daß er sich kaum eine Pause gönnt. Auch beim Pflegenden können verständlicherweise Gefühle von Ärger und Aggression entstehen, in denen sich die Überforderung und das Angebundensein Luft machen.
So stark die gegenseitige Abhängigkeit sein mag, so geht es auch in dieser sehr belasteten Situation eines Paares immer noch darum, im Kleinen für Freiräume und Eigenständigkeit zu sorgen. Der zu Pflegende sollte auch weiterhin das tun, was er noch kann, und

seien es nur kleine Gesten oder Handreichungen, die den pflegenden Partner ein wenig entlasten und ihm zeigen, daß er mitdenkt und sich ein wenig Mühe gibt. Zugleich erlebt er dabei noch im kleinsten eine Autonomie gegenüber dem Partner.

Der Pflegende dagegen braucht Pausen und Entlastung auch von Außenstehenden wie der Nachbarschaftshilfe oder Verwandten, um rauszukommen, einzukaufen oder etwa, um beim Bäcker mit anderen zu reden. Diese Abwechslungen und Außenkontakte geben neue Kraft. Und der gebrechliche Partner könnte dies dem anderen gönnen.

Der Pflegende könnte zum Partner sagen: »Ich mache es gerne für dich, weil ich dich liebe und weil ich weiß, daß ich an deiner Stelle sein könnte.« Der gebrechliche Partner könnte sagen: »Ich nehme deine Pflege mit Dank an, weil ich dich liebe und weil ich weiß, daß du es damit nicht leicht hast.«

Wenn dann die Partner gemeinsam das tun, was noch möglich ist, dann kann es Momente von Übereinstimmung und Nähe geben, die eine neue, aber nicht minder intensive Weise des Liebens darstellen.

Eine Frau, deren fünfundsiebzigjähriger Mann nach schweren Herzoperationen stark behindert ist, berichtet: »Wir fahren mit dem Auto zum Wanderparkplatz. Dann gehen wir die dreihundert Meter durch den Wald, ganz langsam mit vielen Pausen, weil meinem Mann oft die Luft ausgeht. Meist brauchen wir fast eine ganze Stunde dazu. Es kommt mir wie eine lange Wanderung vor. Und dann denke ich oft an unsere Wanderungen von früher. Wenn wir dann am Waldrand ankommen, setzen wir uns dort auf die Bank. Oft sitzen wir ohne Worte einfach da und schauen in die Ferne. Wenn dann mein Mann meine Hand nimmt, sind wir einfach glücklich.«

Das Band des Geistes

Trotz aller Schwierigkeiten, oft auch kleinlichen Reibereien, die Paare miteinander im Alter haben, sind viele dankbar, daß ihnen noch gemeinsame Zeit geschenkt ist. Leider können sich das Paare oft nicht direkt sagen. Sie drücken dies indirekt in dem Wunsch aus, daß jeder vor dem anderen sterben möchte. Sie möchten den Tod des Partners und den schmerzlichen Verlust nicht erleben. Wie können Paare im Alter mit dem drohenden Verlassenwerden umgehen? Wie kann die Liebe angesichts von Gebrechlichkeit, von Krankheit und Tod aussehen? Kann sie angesichts des bevorstehenden Abschieds mehr sein als ein verzweifeltes am anderen fest Klammern?

Blicken wir noch einmal auf ein biblisches Paar, auf Simeon und Hannah *(Lukas 2,22-40)*, beide hochbetagt. Sind die beiden überhaupt ein Paar? Sie haben nie miteinander gelebt, ja sich nicht einmal gekannt,

bis auf den einen Moment, in dem sie sich – vielleicht, wir wissen nicht einmal das – kurz angeschaut haben. Was verbindet die beiden? Was macht sie zum Paar?
Hannah, vierundachtzig Jahre alt, lebt schon lange als verwitwete Prophetin am Tempel. Simeon wird eines Tages von einer ihm ungekannten Sehnsucht ebenfalls zum Tempel hingetrieben. Er ahnt, daß er dort etwas Wunderbares erleben wird und daß er dann in Frieden sterben kann. Auch Hannah wird an diesem Tag von einer inneren Unruhe erfaßt, die sie an den Ort des Geschehens führt. Dort erblicken die beiden Alten gemeinsam das neugeborene göttliche Kind, das von Josef und Maria, wie es das Gesetz verlangt, nach der Geburt in den Tempel gebracht wird.
Die Sehnsucht nach der Erlösung bringt die beiden Alten zusammen und macht sie zu einem ungewöhnlichen Paar, zu einem Paar im Geiste. Das neugeborene Kind vereint sie für Augenblicke des Glücks. Und dann gehen sie wieder auseinander, und jeder wird – wie Simeon es ausdrückt – »in Frieden sterben können« *(Lukas 2,29)*, weil beide wissen, daß ihr Leben zwar dem Ende zugeht, daß aber doch etwas gänzlich Neues begonnen hat.
Paare, die im Alter auch ihre Sehnsucht nach Erlösung und nach Transzendenz teilen, werden solche Momente erleben. Sie spüren ohne Worte eine tiefe Verbundenheit, die über das körperliche Zusammengehören hinausreicht. Sie wissen, daß sie über den Tod hinaus miteinander verbunden sind.

In diesem Wissen können sie sich auch loslassen und mit ruhiger Gelassenheit Abschied voneinander nehmen. Der, der zuerst gehen muß, kann gehen, weil der andere nachkommt; der, der zurückbleibt, wird seine restlichen Tage mit Dank nehmen und eines Tages nachkommen. Es gibt ein Band zwischen den Partnern, das nicht zerreißt, eine Verbundenheit, die den Tod aushält, denn das haben die beiden immer wieder erlebt: Die Liebe ist stark wie der Tod. Wenn Paare diese Erfahrung zulassen und teilen können, erfahren sie, was es heißt, als Paar glücklich zu sein. Damit kommt der Entwicklungsweg der Liebe an sein Ende und kehrt zugleich an den Anfang, in die Zeit des Verliebtseins, zurück. Damals spürten es die Partner in der Verliebtheit, jetzt am Ende des Weges wissen sie es: die Liebe ist stark wie der Tod – damals war das als Gefühl im Überschwang des Glücks einfach da, auf dem Weg der Liebe war es oft vergessen und zugeschüttet, jetzt am Ende ist es wieder da, nun gewandelt und gesättigt von einer Liebeserfahrung, die schwere und schöne Tage in sich trägt. Nun kann die Fülle der Liebe am Ende des Weges aufleuchten.

Nachwort:
Vom Geheimnis der Liebe

Wir sind am Ende des Entwicklungsweges der Liebe angekommen. Es ist ein oft beschwerlicher, krisenhafter Weg, bei dem wir uns wohl zu Recht die Frage stellen, ob es sich lohnt, ihn durchzuhalten und immer wieder neu um die Liebe zu kämpfen. Manches Paar wird für sich zu der Entscheidung kommen, auseinander zu gehen, um die Liebe vielleicht woanders zu finden. Und in vielen Fällen ist das sicherlich auch richtig; in vielen anderen Fällen erlebe ich in meiner Beratungsarbeit, daß sich Paare heute zu früh trennen und sich der Herausforderung eines langen gemeinsamen Weges nicht oder nicht mehr stellen wollen.

Der Entwicklungsweg der Liebe ist zweifelsohne eine Herausforderung an beide Partner und an die Kraft ihrer Liebe. Dieser Weg wird nicht ohne Konflikte, Auseinandersetzungen, Krisen und Schwierigkeiten zu bewältigen sein. Wer etwas anderes erwartet, sollte sich vorher gut überlegen, ob er eine langdauernde Partnerschaft oder Ehe eingehen will. Leider bemerken viele Paare zu spät, daß in ihrer Partnerschaft eine gemeinsame Entwicklung nicht mehr möglich ist.

Zugleich birgt der Entwicklungweg der Liebe eine

Chance für jeden Partner, die sonst keine andere Beziehung als eine langdauernde Partnerschaft bereithält. Erst auf einer längeren Wanderung lernt man den Weggenossen oder die Wegbegleiterin richtig kennen. Erst in kritischen Situationen oder auf mühsamen Wegabschnitten zeigt sich der andere mit seinen besonderen Stärken, aber auch Grenzen und Schattenseiten. Am Ende einer gemeinsamen Wanderung haben wir mehr vom anderen erfahren, sind wir uns ein Stück näher gekommen oder auch ein Stück auseinandergerückt. In jedem Fall hat jeder von uns und die Beziehung zwischen uns auf dem gemeinsamen Weg eine Wandlung durchgemacht.
Kein anderer Mensch als der, der uns liebt, kennt uns wohl besser. Kein anderer Mensch ist uns näher gekommen, als gerade der, der ein gutes Stück Weges in unmittelbarer Nähe mit uns gegangen ist. Er kennt unsere verletzlichen, schwachen, aber auch gekränkten und destruktiven Seiten wie kein anderer. Das macht einerseits Angst, ist aber andererseits die eigentliche Chance einer Partnerschaft: Kein anderer Mensch, als der der uns liebt, kann uns gerade an diesen verletzlichen und dunklen Seiten weiterbringen. Und er tut das paradoxerweise damit, daß er diese Seiten in uns so lassen kann, wie sie sind, und er sie nicht verändern oder verbessern will. Dies ist sicherlich die schwierigste Herausforderung auf dem Entwicklungsweg der Liebe. Aber erst wenn wir den anderen liebend so lassen, wie er ist, kann er sich in

seinen gekränkten und destruktiven Seiten öffnen und verändern. Er wird sich nicht dem Partner zuliebe verändern, sondern weil er einen eigenen Verändungswunsch spürt und weil er weiß, daß ihn der Partner darin schützt und unterstützt. Die Unterstützung des anderen besteht darin, daß dieser auch die Fähigkeiten, Stärken und Kräfte im Partner sieht, die ihm selbst verborgen oder verdeckt sind.
Dieser gemeinsame Entwicklungsprozeß gleicht einem Geburtsvorgang, bei dem die Partner dem anderen wie eine Hebamme zur Seite stehen. In einem anderen Bild ist die gemeinsame Entwicklung mit dem Wachstum einer zarten Pflanze im Garten zu vergleichen.

Märchen beschreiben dies als einen abenteuerlichen Weg, an dessen Ende der Prinz oder die Prinzessin erlöst werden und die beiden sich glücklich finden. Anders als im Märchen sind wir immer auf dem Weg zum anderen; eine endgültige Erlösung aus den einschränkenden Bindungen unserer Biographie und Person wird uns nicht gelingen.
Wir gelangen aber immer wieder auch ans Ziel, an dem wir für Momente des Glücks ahnen und spüren, wie es sein könnte, uns ganz befreit und erlöst als Partner zu begegnen. Wir sind – hoffentlich – immer wieder das Prinzenpaar, das sich im Märchen zu guter Letzt glücklich in den Armen liegt.
Allerdings wird im Märchen wie im Film beim

Happy-End »gewöhnlich abgeblendt«, wie Kurt Tucholsky dichtet. Mehr erfahren wie vom weiteren gemeinsamen Weg eines Märchenpaares leider nicht. Es heißt nur, daß sie glücklich und zufrieden bis an das Ende ihrer Tage leben. Also muß dem Paar im Märchen weiterhin gemeinsames Glück beschieden sein. Aber wie sieht das aus, wie leben die Märchenpaare als König oder Königin weiter? Und was wären die Bedingungen für deren Glück?

Wir treffen in der Bibel auf ein königliches Paar, das uns eine Antwort auf diese Fragen gibt.
Die Königin von Saba hat von der großen Weisheit des Königs Salomo gehört und möchte sich davon ein Bild machen. Selbstbewußt stellt sie ihm die schwierigsten Rätselfragen über die Geheimnisse des Lebens. Es heißt dann wörtlich: »Salomo blieb ihr keine Antwort schuldig; auch die schwierigsten Fragen konnten ihn nicht in Verlegenheit bringen« *(1. Könige 10,3)*. Das Reden ist das wohl größte Geschenk, das Salomo – und natürlich alle Männer – einer Frau machen kann. Die Fähigkeit zu reden, besonders auch über sich selbst und die Beziehung zu reden, macht den Mann aus der Sicht der Frau erst zum Partner. Salomo erwies sich in der Begegnung mit der Königin in diesem Sinne als Mann.
Der König und die Königin sind Symbole für den selbstbewußten Menschen, der seine erwachsenen Fähigkeiten zur Verfügung hat, der seine Stärken in

das Ganze seiner Persönlichkeit integriert hat und sie auch nach außen vertritt. Der König und die Königin sind Bild für eine große innere und nach außen strahlende Autonomie, die zunächst nur sich selbst verpflichtet ist.

Und dennoch sind Salomo und die Königin von Saba in ihrer Begegnung gerade nicht egozentrisch; sie sind nicht von einer Bedürftigkeit des Kind-Ichs bestimmt und halten deshalb nicht am Eigenen fest oder werten gar den Glanz des anderen ab.

Im Gegenteil: Obwohl beide es nicht nötig hätten, beschenken sie einander reich – darin besteht das Geheimnis dieses Paares. Die Königin von Saba kann die Weisheit Salomos anerkennen und annehmen; noch mehr, sie bewundert sie. Das ist ein Geheimnis von glücklichen Paaren, nämlich daß sie den Reichtum, die Fähigkeiten und Stärken des anderen sehen, annehmen und damit würdigen. Können Paare das, sind die Partner aus der Bedürftigkeit ihres Kind-Ichs »ausgestiegen« und treten sich als autonome Erwachsene gegenüber, die den anderen, bildlich gesprochen, mit seinen Fähigkeiten und Stärken »auf den Thron« setzen.

Zugleich bringt aber jeder auch seinen eigenen Reichtum in die Beziehung ein. Die Königin von Saba beschenkt den schon überreichen Salomo mit Gold und Edelsteinen. Gold ist das Symbol der Reinheit und Vollkommenheit; in der christlichen Tradition versinnbildlicht es später die Tugend der reinen Liebe. Psychologisch verstanden, symbolisiert das Gold die Ganzheit einer integrierten, in sich ruhenden Persönlichkeit, die wie das Gold aus sich heraus glänzt und leuchtet. Edelsteine wurden als auf die Erde gefallene Sterne des Himmels gesehen. Sie repräsentieren als kleine Bruchstücke den Himmel auf Erden. Wenn die Königin von Saba sie an Salomo verschenkt, sind sie Zeichen der Liebe, die schon immer als Himmelsmacht verstanden wurde. Ein ganz besonderes Geschenk macht die Königin mit Gewürzen und Duftölen, die es in Salomos Reich nicht gibt. Gewürze und Düfte stehen für die erotische und sexuelle Seite der Liebe, die die Königin dem König mitbringt. Symbolisch gesprochen schenkt sie ihm die Welt des Eros und lehrt ihn die Sprache der Zärtlichkeit und die Kunst der körperlichen Liebe. Darin wird sie zur Lehrmeisterin von Salomo. Und das ist – aus Sicht des Königs – das größte Geschenk, das die Königin ihm gibt. Er erfährt und lernt etwas für ihn Fremdes, das er nicht selber aus sich heraus bewerkstelligen konnte. Für die Kunst des Liebens und die Sprache des Eros braucht es den anderen, der die eigenen Sinne zur Sinnlichkeit erweckt und kultiviert. Jedes Paar hat die Aufgabe und Chance, eine eigene Kultur von Eros und Sinnlichkeit zu entwickeln, in der es auch eine eigene Sprache des Körpers und der zärtlichen Worte findet.

Doch noch ist der Reigen des Schenkens nicht zu

Ende, wie ausdrücklich gesagt wird: »Salomo erfüllte der Königin von Saba jeden ihrer Wünsche und beschenkte sie darüber hinaus so reich, wie nur er es konnte« *(1. Könige 10,13).*
Die Königin kann ihre Wünsche frei äußern; sie muß sich ihre Bedürfnisse nicht erst mühsam erkämpfen. Ihr fließt mehr zu, als sie selbst so freizügig gegeben und für sich gewünscht hatte. Und Salomo kann seinen Reichtum – symbolisch ist damit der Reichtum seiner Person und Liebe gemeint – ohne Angst, etwas zu verlieren, zurückfließen lassen.
Das ist ein weiterer Aspekt des Geheimnisses der Liebe: Der in die Beziehung fließende Reichtum beider Partner vermehrt sich. Es entsteht dann so etwas wie ein geheimer – darüber sollten Paare nicht reden! – Wettbewerb, wer dem anderen mehr an Gutem tun kann. Die Partner beflügeln sich wechselseitig in ihrer Liebesfähigkeit, die wie eine wärmende Glut von beiden immer wieder neu genährt wird, weil jedem zugleich die Wärme dieser Glut gut tut und weil er sich in der Wärme öffnen und sich loslassen kann.

Das Königspaar ist das Bild für das Glück, das in einer Paarbeziehung wächst. Die Liebe ist hier wie ein Fest und ein Höhenflug, in dem die Liebe das Paar wie mit leichten Schwingen trägt. Paare sollten solche Hoch-Zeiten gemeinsam nehmen und leben. In diesen Hoch-Zeiten entsteht zwischen den Partnern eine intensive, aber leichte und heitere Nähe. Und diese Weise, sich als Partner nahe zu kommen, ist nicht nur wunderschön, sondern schafft auch eine Bindung, die aus dem Geist der Freiheit lebt.

Auf dem Entwicklungsweg der Liebe gibt es aber auch die dunklen und schmerzlichen Seiten und Zeiten, die ein Paar durchlebt. Auch dafür gibt es ein biblisches Paar, das uns auf die dunklen Aspekte der Liebe verweist.

Wir wissen nicht genau wie Maria Magdalena und Jesus ihr Beziehung gesehen haben. Wir wissen auch nicht, ob sie ihre Sexualität miteinander gelebt haben. Eines aber ist sicher: Beide haben sich auf einen gemeinsamen Entwicklungsweg eingelassen. Maria Magdalena verläßt dafür ihren Heimatort Magdala und damit eine sichere Existenz als Haus- und Familienfrau, wie es die Normbiographie für eine Frau damals vorgeschrieben hätte. Sie verzichtet auch auf das für eine Frau damals wichtigste, auf Kinder. Sie zieht als freie, unabhängige Frau mit den Jüngerinnen und Jüngern Jesu durch die Lande und hat unter ihnen bald eine Führungsrolle inne.

Aber auch für Jesus als Mann seiner Zeit und einer patriarchalen Gesellschaft war es außergewöhnlich und fast schon skandalös, mit solch einer unabhängigen Frau einen gemeinsamen Weg zu gehen. Ungewöhnlich auch, daß er einer Frau eine Führungsrolle in seiner Gruppe überläßt.

Wir wissen nicht, wie nahe die Beziehung zwischen

den beiden war. Aber eines ist deutlich: Maria Magadalena geht den ganzen Weg bis zu seinem schmerzlichen Endpunkt mit. Anders als die Jünger weicht sie von Jesus auch nicht in seiner Todesstunde. Sie hält den Schmerz aus und macht dabei wohl die Erfahrung, daß Menschen gerade im Schmerz, im Liebesleid sich sehr nahe sein können. Maria Magdalena ist unter dem Galgen diesem Mann Jesus in ihrem Mitfühlen und Mitleiden so nahe, wie vielleicht sonst nicht auf dem bisherigen gemeinsamen Weg. Eine solche Erfahrung verleiht einem Paar eine Bindung, die die Liebe verankert wie Wurzeln, die in schwere, tiefe Erde reichen. Dies ist der Gegenpol zu der leichten und heiteren Seite der Liebe, wie sie in der Begegnung zwischen Salomo und der Königin von Saba zum Ausdruck kam.

Hier kommen wir an das dunkle Geheimnis der Liebe, das wir wohl auf jedem Entwicklungsweg der Liebe berühren: Auch im Schmerz, in der Krise, ja im Sterben der Liebe können sich Partner ebenso nahekommen wie in den schönsten, glücklichsten Augenblicken der Liebe. Im Moment des Verlustes ist die Liebe mit ihrer Kraft da, wird spürbar, wie der andere zu uns gehört. Der Schmerz über den Verlust zeigt, wie groß die Liebe immer noch ist. Deshalb will sich die Liebe nicht mit dem Verlust abfinden. Sie sucht den Geliebten immer noch, sie glaubt und hofft immer noch – das ist die Stärke der Liebe im Verlust und im Schmerz.

Maria Magdalena hört auch nach dem Tode Jesu nicht auf, zu hoffen und erfährt die Auferstehung ihrer Liebe. Ihr begegnet noch einmal Jesus im Garten, in dem wie im Paradies alle Liebe beginnt. Wie das Paar im Hohenlied der Liebe – es war das erste biblische Paar, das wir auf dem Entwicklungsweg der Liebe kennengelernt hatten – erleben Maria Magdalena und Jesus eine zärtliche Liebe, die nur in einem erkennenden Blick und in zwei Worten aufblüht: »Maria! sagte Jesus zu ihr, und sie wandte sich um und sagte: Rabbuni! Das ist hebräisch und heißt: Mein Lehrer« (Johannes 20,16). Zwischen diesen Worten liegt für einen kurzen und ewigen Augenblick eine beflügelt leichte, schwebend luftige Liebe, die die Schwere der Trauer und des Todes hinter sich gelassen hat, eine Liebe, die die Weite des Himmels atmet.

In dieser schönsten Liebesszene der Bibel, vielleicht der ganzen Weltliteratur, haben sich Maria Magadalena und Jesus erkannt. Jeder hat verstanden, wer der andere für ihn war und was er für ihn und sein Leben bedeutet hat.

Im Alten Testament heißt es immer wieder »und sie erkannten sich«, wenn Mann und Frau miteinander schlafen. Dieser Ausdruck für die Sexualität als intimste Form der Begegnung zwischen Mann und Frau ist für mich zugleich die größte und schönste Chance und Verheißung eines Entwicklungsweges der Liebe.

Wer auf dem manchmal schwierigen, aber an Erfahrungen reichen Weg einer Partnerschaft die verschiedenen Wandlungen der Liebe und ihre zahllosen Facetten mit dem anderen durchlebt, der wird sich im Spiegel des anderen ein gutes Stück selbst erkennen und er wird den Partner kennenlernen wie keinen anderen, ohne jedoch sein Geheimnis ganz zu enthüllen. Vielleicht können wir in manchen Augenblicken des Glücks und des Schmerzes für Momente das Geheimnis der Liebe erkennen, das die Antwort auf die Frage ist, was Gott mit der Erschaffung des Menschen als Mann und Frau gemeint haben könnte.

Roland Kachler, geboren 1955, ist Pfarrer und Diplom-Psychologe.
Seit 1990 leitet er die Psychologische Beratungsstelle des Evangelischen Kirchenbezirks in Esslingen.
Im Quell Verlag sind von ihm die Bücher erschienen: »Wege aus der Wüste – mit Elia Krisen durchleben« und »Ängste sind menschlich«.